中国

这就是

隋唐五代

海纳百川的胸怀

何孝荣 主编

历史

U0359831

化学工业出版社

· 北 京 ·

图书在版编目（CIP）数据

这就是中国历史.隋唐五代：海纳百川的胸怀 / 何孝荣
主编. —北京：化学工业出版社，2020.1（2024.2重印）
ISBN 978-7-122-35812-7

Ⅰ.① 这… Ⅱ.① 何… Ⅲ.① 中国历史-隋唐时代-少
儿读物②中国历史-五代十国时期-少儿读物 Ⅳ.① K209

中国版本图书馆CIP数据核字（2019）第274552号

责任编辑：丁尚林 马羚玮 装帧设计：尹琳琳
责任校对：宋 夏

出版发行：化学工业出版社（北京市东城区青年湖南街13号 邮政编码100011）
印 装：涿州市般润文化传播有限公司
787mm×1092mm 1/16 印张12 字数177千字 2024年2月北京第1版第9次印刷

购书咨询：010-64518888 售后服务：010-64518899
网 址：http://www.cip.com.cn
凡购买本书，如有缺损质量问题，本社销售中心负责调换。

定 价：39.80元

目录
contents

历史是这样的

影响至今的科举考试制度是从什么时候开始的呢？

中华儿女在国外聚居的地方为什么叫"唐人街"呢？

贞观之治、一代女帝、开元盛世……这一时期繁盛的中华大地上是否也潜伏着危机呢？

如果你有过这些疑问和思考，那么非常欢迎你和我们一起推开隋唐五代历史的大门。

我们中华文明有着五千年悠久的历史，其中有很多有趣的故事，也有很多前人总结出来的经验和智慧。

学习这些历史不仅可以拓宽我们的视野，丰富我们的知识面，还能使我们更加明事理。

唐太宗曾说过："以史为镜，可以知兴替。"

哲学家培根也曾说过："读史可以使人明智。"

为了方便小读者们了解真实的历史脉络，对历史产生兴趣，我们联合了众多历史学者特意编撰了这本《这就是中国历史——隋唐五代》，见证隋唐五代时期海纳百川的胸怀。

隋王朝建立

隋朝，是中国历史上一个富强而又速亡的大一统王朝，它仅仅存在了 38 年，历经三任皇帝，但它在政治、经济、军事、文化以及外交领域所进行的大刀阔斧的改革及取得的成就，造就了一个繁荣昌盛并对后世产生了深远影响的时代。

 隋文帝建国

公元 541 年 7 月 21 日的这一天，传说一位孕妇在般（bō）若（rě）寺诞下一名男婴，顿时"紫气充庭"，她将男婴抱起，发现男婴脑袋上仿佛长出了犄角，身上长出了龙鳞，她害怕极了，失手将婴儿掉在了地上。这时有一个路过的尼姑对她说："这个孩子可不是凡人，你不能把他放在凡间养。"于是这个孩子被家人送至庙里抚养，一直长到十二岁才回家。这个孩子就是隋朝的开国皇帝杨坚。

杨坚的家世不同寻常，他在仕途上也一帆风顺。他出身于关中德高望重、军功显赫的家庭，他的四世祖杨元寿曾是北魏武川镇司马，他的父亲杨忠位列西魏十二大将军，又为宇文家族建立北周立下汗马功劳，被封为"隋国公"。

天和三年（568年），杨坚的父亲因病去世，杨坚继承了父亲的官爵。后来杨坚的长女杨丽华被封为周宣帝正后，杨坚又晋升为柱国大将军、大司马。

一路顺风顺水的仕途并不意味着他能心安理得地坐稳位置，杨坚奇特的长相给他带来了一些麻烦。为什么说他的长相奇特呢？主要有五奇：第一，额头突出，并有五个地方隆起直到头顶；第二，下颌很长而且突出；第三，目光犀利、咄咄逼人；第四，手掌心的掌纹如同"王"字；第五，上身长，下身短。在今天的审美看来，这种长相实在难为雅观。

经现代医学研究得出，婴儿头上长犄角是胎儿发育异常的病状，身上的龙鳞是皮肤病

古人常用和尚、道士、隐士等的口吻，预言皇帝的不平凡

屏风摆在殿堂内，既可起到装饰作用，也可以埋藏大量刀斧手

但是在杨坚所生活的那个时期，这是帝王之兆，是帝王之相。奇特的长相使杨坚常有"伴君如伴虎"的感觉，齐王宇文宪曾对周武帝说："杨坚相貌非常奇怪、可怕，我每次见到他都被吓得失了仪态，恐怕他不是甘居人下的人，劝您还是早点把他除掉吧。"周武帝本就对杨坚不满，加上宇文宪这样说，更加怀疑。好在有一个叫来和的大臣对周武帝说："杨坚这个人绝对可靠。"加上周武帝派去监视杨坚的赵昭又是杨坚的好友，杨坚才得以逃过一劫。但这种经历让杨坚感到惴惴不安，必须夺取皇位才能保自身安全，但现在还不是时候，该怎么办呢？周宣帝即位后，他主动提出自己想要外出带兵，这可把周宣帝高兴坏了，连忙把他任命为亳（bó）州总管，眼不见心不烦。

此时的北周，虽然在灭北齐后国力十分强盛，但是周宣帝沉迷酒色，不事朝政，奢侈残暴，后来直接将皇位传给年仅6岁的儿子——周静帝宇文阐，自己当起了太上皇，终日消遣玩乐。但没想到周宣帝第二年就去世了，死时只有二十二岁。周静帝宇文阐即位之后，杨坚做了丞相，以外戚的身份控制着北周的政权。这一下子引起了宇文家族的不满，纷纷发动叛乱。而杨坚在此时表现出了过人的果敢机智与军事才能。他先把北周宗室的五王（赵王宇文招、陈王宇文纯、越王宇文盛、代王宇文达和滕王宇文逌）骗到长安杀掉，然后在韦孝宽、王谊

古代官场往往充满血腥的斗争，埋藏刀斧手是最常用的做法，多以摔杯或举手为暗号，一旦发出暗示，刀斧手便立刻冲出将对手杀死

与高颎（jiǒng）的帮助下，平定了相州总管尉迟炯、郧州总管司马消难和益州总管王谦等人联合发动的叛乱。消灭了这两个强劲的政敌，为杨坚登上帝位奠定了基础。

最终在大定元年（581年）二月，北周静帝下诏禅位于杨坚，称其"众望有归"，杨坚假意推辞后接受了禅让，登上了皇位，也就是我们所熟知的隋文帝，定国号为"隋"，改元开皇，定都大兴城（今西安），隋朝正式建立了。

隋朝的建立并不意味着华夏大地实现了真正意义上的统一，南方的陈朝与漠北地区的突厥仍然割据一方。于是从这时起，隋文帝杨坚便真正开始了他谋求统一、平治天下的王朝大业。

尧舜禹之后，中国古代的
禅让大多是被逼迫的

统一南北

隋文帝杨坚即位以后，江南地区的陈朝和漠北地区的突厥仍割据一方，若想要实现全国大一统，必须出兵讨伐、收复其地，作为一国之君，这样的重任自然落在了隋文帝杨坚的身上。

突厥是北魏时期兴起于阿尔泰山南部的一个部落，后发展为漠北的强国，它的统治版图东至辽海，西至里海，南到蒙古戈壁，北到贝加尔湖。南北朝时期，突厥时常南下掠夺中原的人口和粮财，当时北朝的各国对之多采取安抚的应对方法，如和亲政策或朝贡政策。它的存在，对于杨坚来说是个不小的威胁。

隋朝建立后，隋文帝杨坚一改往常送礼、和亲的常态，对之采取了攻防兼备的军事对策，让习惯了贪婪掠夺而又好战的突厥人极为不满与愤怒。公元581年，突厥带兵南下，入侵隋朝的地界。富有智慧的隋文帝一边组织军队武力反击，积极应战，一边派曾经出使过突厥的车骑将军长孙晟（shèng），带着丰厚的钱财前往突厥实行反间计。长孙晟这个人可不得了，他在北周时曾经护送过千金公主入突厥，并且长时间居住在突厥，对突厥各首领间的不和了然于心，于是他建议隋文帝可以此来分化突厥，进而战胜突厥。突厥有个叫染干的人，是突厥处罗侯之子，素来与隋朝关系较好。长孙晟利用他，让他告诉突厥的沙钵略可汗——阿史那摄图，突厥铁勒意欲谋反，正带兵准备袭击他的老巢突厥牙帐呢。摄图听了这个消息十分惊慌，想着自己的老巢马上就要被人端了，又加上原本合兵南下的西突厥首领玷（diàn）厥（号达头可汗）中途擅自退兵，带领自己的人马不辞而别。摄图这下没办法了，只好放弃南侵的计划，退兵塞外。

开皇三年（583年）二月，突厥再次南侵。杨坚非常愤怒，下诏北伐突厥，一面命卫王杨爽为主帅，兵分八路攻打摄图，一面又命长孙晟再次使用离间计。这次离间的对象是负责统辖东突厥西部的阿波可汗大逻便，他首次与隋军交战便铩羽而归，长孙晟对他说："摄图每战必胜，你第一次带兵打仗就输了，你有何颜面再见摄图？再说了，你两军兵力相当，他一直对你存有戒心，如果他借此为难你，你该怎么办？"大逻便听后心里慌张，再三思忖后，只好带领他的部队归降了隋朝。摄图听到这个消息，勃然大怒，带兵袭击了大逻便的领地，还杀害了他的母亲。大逻便闻之，悲痛至极，无法抑制自己的复仇之心，向其他突厥部借了十万兵马，打败了摄图。从此，突厥内战不断，最后分裂为东突厥和西突厥。东突厥沙钵略可汗在隋的北部，西突厥达头可汗则在隋的西北部。

不久，西突厥达头可汗向隋投降。东突厥沙钵略可汗再也不是昔日威风八面的草原霸主了，面对部落的七零八落、各自为战，面对自己越来越孤立

◆ 知识链接 ◀

铩羽的意思

铩羽原指鸟的羽毛摧落，现比喻行动失败或郁郁不得志。

▼ 突厥石人

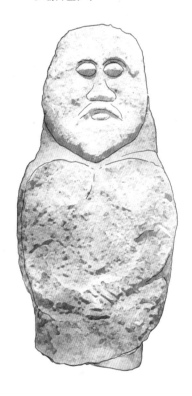

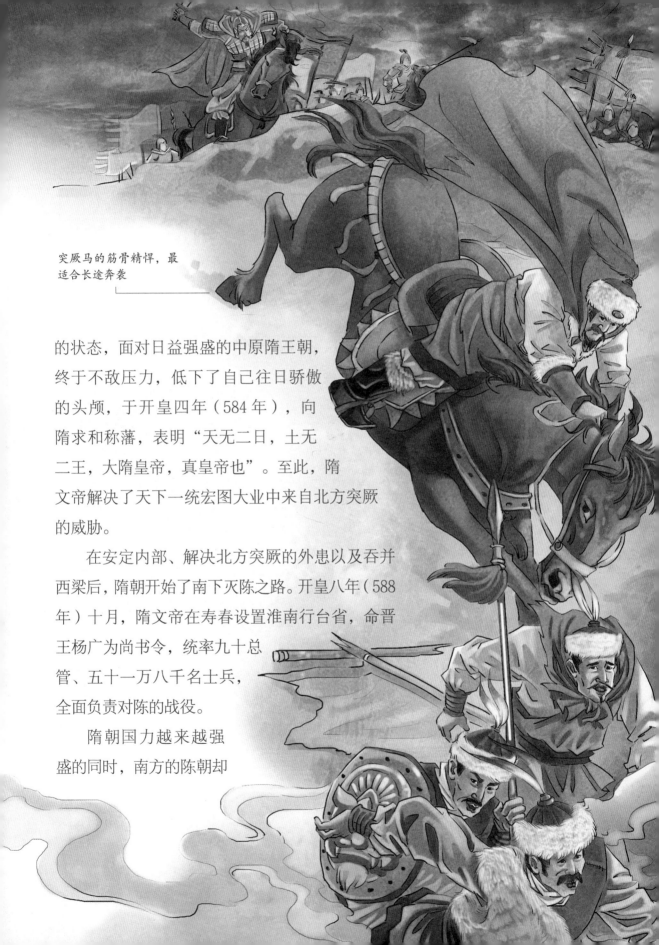

突厥马的筋骨精悍，最
适合长途奔袭

的状态，面对日益强盛的中原隋王朝，
终于不敌压力，低下了自己往日骄傲
的头颅，于开皇四年（584 年），向
隋求和称藩，表明"天无二日，土无
二王，大隋皇帝，真皇帝也"。至此，隋
文帝解决了天下一统宏图大业中来自北方突厥
的威胁。

　　在安定内部、解决北方突厥的外患以及吞并
西梁后，隋朝开始了南下灭陈之路。开皇八年（588
年）十月，隋文帝在寿春设置淮南行台省，命晋
王杨广为尚书令，统率九十总
管、五十一万八千名士兵，
全面负责对陈的战役。

　　隋朝国力越来越强
盛的同时，南方的陈朝却

日益衰亡。当时的陈朝政治腐朽，赋税严苛，刑法残暴，民不聊生，而陈后主陈叔宝整日沉醉酒色，不理朝政，只幻想依靠长江作屏障来阻遏隋军。

公元 589 年正月初一这一天，隋吴州总管贺若弼奉命率军从广陵直渡长江，却没被陈朝守军发觉。是他们的动静太小了吗？不是。原来，在这之前，贺若弼购买了大量的陈朝船只，并藏匿起来；又买了五六十艘破旧的船只漂在河上迷惑陈军，让他们以为隋军没有像样的战船；又规定沿江防守的士兵在轮换的时候都要聚集在一起，举起旗帜，假意操练，营造人马喧杂的景象。好几次，陈军看到

帆是挂在船桅上的布篷，借助风力推动船行驶，能够大大提高船的速度

在古代，战船主要用于水上作战，称得上是军舰的鼻祖，是最早的水上作战设备，至今已有几千年历史

都以为隋军要大肆入侵了，赶紧调配军队准备迎战，结果却发现是虚惊一场。长此以往，陈军就见怪不怪了，对隋的这种集结失去了戒备之心。庐州总管韩擒虎也因为陈朝守军醉酒而不费吹灰之力攻下了采石。

当陈朝采石镇的将领徐子建快马飞奔至都城，向陈后主禀告隋军已经渡江的危急战况时，陈后主这才慌了神，立即召集各公卿大臣议政，并下诏："朕当亲自统帅大军，消灭敌军，廓清天下，并在朝廷内外实施戒备。"他任命将军，设立重赏，征发僧、尼、道士等出家人服役。但这并不能改变陈朝军备废弛、士气涣散、节节败退的局面。而贺若弼的军队纪律严明、士兵秋毫不犯，对于陈朝的俘兵也尽显仁德之心，不仅全部予以释放，还发放钱粮、遣返回乡。自古都是得人心者得天下，隋军所到之处，陈朝军队一击而溃。贺若弼在北，韩擒虎在南，隋军以迅雷不及掩耳之势，双方齐头并进，进而夹攻建康。陈朝沿江镇守的士兵都闻风而逃，更有许多将士前来投靠隋军。

陈后主生性怯弱，不善军事，遇此亡国困境，只得日夜哭泣，把军国大政交给嫉贤妒能的施文庆，许多将士们的建议与请求都未能得到批准。比如，在贺若弼进攻京口、钟山的时候，原本是陈军反击隋军的大好时机，陈朝都督萧摩诃请求迎战，但陈后主不许。很快，隋军攻下来建康。此时，陈后主的身边只有尚书左仆射袁宪一人，

▲ 威风凛凛的韩擒虎

隋文帝建立隋朝后，突厥前来朝拜，隋文帝对突厥一行人说："你们知道江南有个陈国皇帝吗？"他们说："知道。"隋文帝便让突厥使臣来到韩擒虎面前，说道："就是他捉获了陈国皇帝。"韩擒虎恶狠狠地瞪了他们一眼，他们头也不敢抬，异常恐惧。

💬 知识链接

贺若弼自命不凡

杨广还是太子的时候，曾经问贺若弼说："杨素、韩擒虎、史万岁三人，都是良将，到底谁最厉害呢？"

贺若弼说："杨素是猛将，不是谋将；韩擒虎是斗将，不是领将；史万岁是骑将，不是大将。"

杨广又问谁是大将，贺若弼说自己就是大将。

见陈后主想要逃跑，袁宪劝他向隋朝投降，对他说："隋朝的兵马已经攻进建康了，很快就会找到这里来，陛下还能逃到哪里去呢？不如仿照梁武帝见侯景的情形，穿戴好衣帽，正坐在大殿里，等他们来吧。"当年侯景叛梁，俘虏了梁武帝后把他活活饿死，陈后主可不想这样，说："锋刃之下，不能把生命当作儿戏，我自有计。"而他的计谋就是与他的爱妃张贵妃一起跳进枯井里躲藏。不久隋军就来了，朝井里窥探、喊话，都没有人应声，又扬言要往里丢石头。陈后主这才急了，赶紧大叫，就这样，他被隋军给抓住了。

士兵所穿铠甲上的圆形金属罩，称为"护心镜"，能挡住刀剑，保护心脏

隋军俘虏了陈后主以后，一面扫荡残敌，命陈后主写招降书招降陈朝还未投降的将帅兵士，一面收图籍、封府库，并将他的妃子和一些奸佞枭首于市。但是杨坚并没有杀掉陈后主，而是把他押回了大兴城。陈叔宝在投降后的第十六年才因病去世，终年 52 岁，葬在洛阳的北邙山。陈朝的灭亡，标志着隋文帝杨坚完成了统一南北的大业。

开皇之治

纵观中国几千年的历史，无数次的改朝换代，无数次的江山易主，涌现了多少优秀的王侯将相，但能被称为"某某之治"的屈指可数，而隋文帝杨坚统治时期就被后世称为"开皇之治"，可见当时国富民强、繁荣安定的盛况。

自东汉灭亡后，中国就处于四分五裂、混战不断的情形之中，几百年的兵荒马乱对政治、经济、文化和建筑等方面产生了破坏性的影响。一统南北后的隋文帝，面临的不是歌舞升平、天下太平的景象，而是一片凋敝、民不聊生的惨淡，应该如何发展生产，振兴经济，维护稳定，增强实力，这是一个难题。好在，隋文帝凭借着仁义节俭的品格和治国治民的理政才能，让隋王朝渡过难关，并且开辟了盛世。

在政治方面，他把州、郡、县三级制减为州、

▼ 南朝青釉托盘带盖高足碗

◆ 知识链接

为什么说"十恶不赦"

　　古装影视中常出现"十恶不赦"的罪名，那么什么是"十恶"呢？

　　十恶——谋反、谋大逆、谋叛、恶逆、不道、大不敬、不孝、不睦、不义、内乱，这些都是最严重的罪行，直接触犯了皇帝权威、伦理道德，是封建社会重点打击的对象，所以单独罗列出"十恶"，并详细制定了"十恶"犯罪不得被赦免、"大逆、谋反、叛者，父子兄弟皆斩，家口没官"等条文。

　　"十恶"制度从隋初确立，到清末废除，延续了1300余年。

▲ 隋朝褐釉刻花长颈瓶

县两级制，不仅可以精兵简政，节省开支，还加强了中央对地方的统治。他在中央设立五省六部，五省分别为尚书省、门下省、内史省、秘书省、内侍省，不仅提高行政效率，还可以使其互相牵制，加强皇权；六部分别是吏部、户部、礼部、兵部、刑部和工部，各司其职以使政事有条不紊，提高工作效率。他还废除了自魏晋以来对社会毒害极深的九品中正制和门阀制，以科举取士来打击门阀势力和选拔人才；颁布了《开皇律》，废除严苛刑罚。

　　在经济方面，隋文帝推行"输籍定样"（由中央确立划分户等的标准，确定应该缴纳赋税的量并颁布给各州县，各州县每年根据此标准和户籍信息来征收赋税）和"大索貌阅"（清点户口，并记录姓名、年龄和样貌的特征，每年进行一一核对，以杜绝有人通过谎报年龄或隐瞒人口来偷税漏税的行为）的办法，同时轻徭薄赋，体恤民情，大大增加了国家的财政收入；铸造五铢钱，废除市面上流通混乱的货币和私人铸造的钱币，促进了经济的发展；在洛州等地设立常平仓以贮存关东运来的粮食，修建广通渠以便利关中漕运。

　　在军事方面，主要是对府兵制的继承与改革。府兵制于西魏时期就已存在，隋文帝对其进行了吸收和改革。改革后的府兵制不仅做到了兵农合一，寓农于兵，而且把府兵们及其家属一同归入州县户籍，受田耕作，使士兵们不再流离失所，疲于奔命，能够安心在闲时从事农业生产，在战时出征，既促进了农业的发展，又增强了军事实力。

同时，隋文帝本人是一个极其节俭，杜绝铺张浪费的人。他深信"俭以得国，奢以失国"的道理，事无巨细，都做到勤俭节约。他规定，后宫的妃嫔旧的衣服也要继续穿，车轿这类东西破了补一补修一修还能再用，非重大宴会的日常饮食最多只能有一个肉菜，自己所穿的衣服也多是用布帛做的，很少有绫罗绸缎的奢华衣物。他对后宫和皇子也极为

古代帝王、官员所戴的帽子多制作华丽，被称为冠冕

约束，不纳众多妻妾，也经常教导皇子要凡事节俭。直到他去世前，遗嘱中仍然体现着他对节俭的倡导，遗嘱中关于他的丧事他这样写道："丧礼一定要遵从节俭的原则，不能大肆铺张，诸州总管、刺史以下的官吏，做好自己的本职工作，就不必前来参加丧礼了。"天子化民，受隋文帝的感染，大臣们也群而效仿，社会上兴起了一阵"节俭"之风。他的节俭，减省了国家的财政支出，净化了社会风气，所以才有了"古今称国计之富者莫如隋"的盛况。

时至今天，勤俭节约仍然是中华民族崇尚的优良传统美德，我们要以隋文帝为勤俭节约的好榜样，从点滴做起，从自身做起，养成勤俭节约的好习惯！

◆ 知识链接

两姑之间难为妇

杨坚在承袭杨忠爵位之前，北周的权臣宇文护想拉拢杨坚作为心腹，杨坚拿不定主意，便询问父亲杨忠，杨忠说道："两姑之间难为妇，不要去！"叮嘱杨坚要效忠皇帝，不可亲近权臣。

杨坚便婉拒了宇文护的"好意"。很快，北周武帝诛灭了宇文护及其党羽，杨氏与宇文护没有来往，因此得到皇帝重用。

闯关小测试

➡ 1. 隋朝共经历了几位皇帝？（　　）

　　A. 两位　　　B. 三位　　　C. 四位

➡ 2. 隋文帝对待突厥的态度是（　　）

　　A. 送礼　　　B. 和亲　　　C. 攻防兼备

➡ 3. 陈后主是怎么死的？（　　）

　　A. 被杀　　　B. 自杀　　　C. 病死

参考答案：1. B　2. C　3. C

杨广暴政

隋炀帝杨广（569—618年），604年至618年在位，是隋文帝和独孤皇后的次子，隋朝的第二位皇帝，也是一位末代皇帝。后世对其褒贬皆有，大多认为他功过兼备，过大于功。

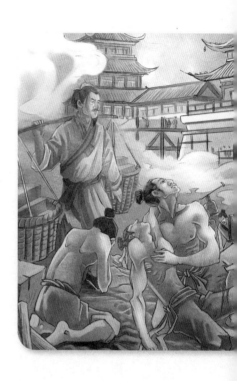

杨广夺位

北周天和四年（569年），杨广在大兴（今陕西西安）出生了。隋文帝杨坚建立隋朝后，将其封为晋王，当时他才13岁。在灭南陈之时，20岁的他是领衔的统帅，南陈之战结束后晋封为太尉。此后他常立战功，多次平定江南地区的叛乱，被封为越国公，后来又在镇守江南的时候表现卓越。同时他为人作风简朴、礼贤下士、谦虚谨慎，得到群臣的赞颂和隋文帝的喜欢。

隋文帝与独孤皇后一共生了五个孩子，按长幼排序分别是杨勇、杨广、杨俊、杨秀和杨谅。依照我国古代的宗法制度和嫡长子继承制度，隋文帝杨坚登基后立长子杨勇为皇太子，国家的军政要事都让他一同参与学习，并封杨广、杨俊、杨秀和杨谅四人为王。这时，隋文帝对于杨勇还是寄予厚望、大加培养的。但令杨坚非常失望的是，杨勇是一个生性好色、喜爱奢侈浪费的人。

有一次，他穿了一套非常精美华丽、在蜀地加工的铠甲，上面还添加了许多浮夸的装饰，在今天看来，我们可以理解为年轻人喜好追求时尚，但隋文帝看到了，非常不高兴。他对杨勇说："你作为国家的继承人，将来是要继承我的江山的，你看我平时多么节俭，我把我过去的衣服赐一些给你，再送你一把我以前佩带的刀和一盒你以前经常吃的腌菜，你要经常拿出来提醒自己，告诫自己。我希望你也能做到事事节俭。"

还有一次冬至的时候，朝中百官集结起来一起去拜见太子杨勇，杨勇很高兴，不但没有拒绝，还弄了个乐队庆祝。这让隋文帝知道了可不得了，他质问百官去朝见太子，还锣鼓喧天的，这是什么礼法？是当自己这个皇帝不存在了吗？百官的这种行为冥冥之中让隋文帝觉得自己的地位受到了威胁，他开始不再喜欢杨勇，对他越来越不满。

第三件事就是杨勇的正妃元氏之死。杨勇很喜欢他的一个叫昭训云氏的妃子，冷落了正妃元氏。元氏因此得了心病，没过两天就死了。独孤皇后非常生气，认定这件事就是杨勇的过错。慢慢的，杨勇就成了一个爹不疼妈不爱的太子。

而杨广是个非常聪明的人，他知道父亲母亲不

◆ **知识链接**

反对纳妾的独孤皇后

独孤氏嫁给杨坚时才14岁，她要杨坚保证这辈子不纳妾，杨坚便立下誓言："决不和另外的女人生孩子。"所以，杨坚的七个子女都是独孤皇后所生。

杨坚建立隋朝后，独孤氏便成了独孤皇后。孤独皇后不仅这样要求杨坚，还在女子间宣传这种观念，史书记载她"见朝士及诸王有妾孕者，必劝上斥之"，一律不得重用。

▼ **隋朝越窑制青瓷羊头洗摆件**

喜奢侈浪费，就行事很节俭；知道父亲母亲不喜妻妾成群，就假装自己不纳妻妾，只爱萧妃一人；他还特别注意自己在朝中的人际关系，不管对方职位是高是低，他都能以礼相待。因此，隋文帝和独孤皇后对他大为赞赏，意欲废掉杨勇而立杨广为太子。但是在古代的帝王之家，废掉太子可不是说废就能废的，总有人会对废太子一事颇有微词。杨广得想一些办法才行。他在独孤皇后面前假装可怜，诬陷杨勇："我也不知道是怎么得罪太子殿下了，每天小心翼翼、以礼待人，他还是容不下我，不顾及手足之情，我真害怕我有一天会被他害死。"说着还委屈得直掉眼泪，独孤皇后自然相信了他，对杨勇更加不满。

杨广还将触角伸到了大臣那里，讨好大臣杨素帮他争取机会。杨勇觉察到杨广的阴谋，非常气愤，想方设法地争夺父皇的喜爱。他在自己院子里搭建了一个

杨广很会讨父母的欢心，衣着朴素，感情专一，伪装得很好

萧妃到处夸赞杨广感情专一

▲ 成全别人的杨素

杨素是隋朝权臣、诗人、杰出的军事家。关于杨素的典故很多，最著名的莫过于破镜重圆的故事。

乐昌公主是陈后主的妹妹，长得非常漂亮，嫁给了陈朝的一位叫陈德言的官员。陈朝即将灭亡时，陈德言将一个铜镜折为两半，递给妻子说："以你的相貌，肯定会流落到一个有权有势的富豪人家，生命安全可以得到保障，而我是陈朝的官员，只能暂时躲避。等到明年正月十五，你拿着半块铜镜在长安街出售，如果我们缘分未尽，我就能与你会合。"

第二年正月十五，陈德言果然在长安街看到一个老先生出售半块铜镜，详加询问，才知道乐昌公主果然被杨素纳为妻妾，宠爱有加。陈德言便把两块铜镜合在一起，并题上一首诗，让老先生转给乐昌公主。乐昌公主看到铜镜后整日哭啼，杨素问清楚事件来由后，便设宴款待陈德言，将妻子还给他，并送了很多礼物。

简陋的屋子，自己经常身穿布衣，铺着草褥，表现出自己多么的节俭，希望能得到隋文帝的注意，自己也趁机揭一揭杨广的短。

隋文帝不知道杨勇又在闹什么幺蛾子，就命杨素去观察观察再向他汇报。杨素可是杨广的人，他故意激怒杨勇，杨勇也一吐为快，大骂杨广。杨素暗自高兴，回去禀告隋文帝说："太子一肚子怨言，陛下要多留心啊！"

不出所料，公元 600 年十月初九这一天，隋文帝下诏，将杨勇和他的子女全都贬为庶人。十一月，立杨广为太子。

隋文帝把废太子杨勇囚禁在东宫并交给太子杨广看管。杨勇觉得自己十分委屈，虽然有过错但也不至于到被废的地步，请求面见皇上申明冤情，杨广当然是百般阻拦。有一次，杨勇爬上树去喊冤，终于惊动了隋文帝，杨素却对隋文帝说杨勇神志不清，最好不要见他。从此，隋文帝便对杨勇不再在意。

仁寿四年（604 年），隋文帝病逝于仁寿宫，杨广登上帝位，改元大业，开始了他的帝王生涯。

 营建东都

杨广即后世所称的隋炀帝，他登上帝位后，就开始进行一系列的大规模建设，营建东都（河南洛阳）就是其中一项。

大业元年（605年），杨广开始了他营建东都的计划。在这之前，他先下令征发数十万劳役，在洛阳的北边挖掘了一条长达两千多里的弧形壕沟，以提防北方的突厥，确保东都的顺利营建。三月十七日，他下诏命尚书令杨素、纳言杨达、将作大匠宇文恺负责营建东都洛阳，每个月派去修建新都的劳役壮丁多达两百万人，他还命令洛州城的老百姓和各州的富商大贾共计几万户搬到新都来居住。

隋炀帝不是重修陪都而是大举迁都，不是在洛阳故地重修，而是向西移十余里再建，工程之大，难以想象。那么隋炀帝为什么非要移都洛阳呢？

在这里，就不得不提及洛阳独特的地理位置以及它优越的政治、经济区位优势了。洛阳有十三朝古都之称，在古代被称为天地之中，以这里为中心的黄河流域是华夏文明的发祥地，它地处中原，横跨黄河，西依秦岭，东临嵩岳，北靠太行，南有伏牛，易守难攻。隋炀帝杨广就是看到了洛阳不可比拟的优势，认为当时的都城大兴太远，军队无法及时到达前线，不能起到政治中心的作用，而洛阳是中原盛地，处于南北结合点上，极为方便国家的统治。

营建东都的计划从大业元年（605年）三月开始实施，仅用了十个月就完成了。竣工了的东都新城东长7312米，西长6776米，南长7290米，北长6138米，被洛水分为南北两部分，洛北是政治中心，洛南则是商业住宅区。全城分为宫城、皇城和外郭城。宫城内建有乾阳、大业、文成、武安等大殿，以乾阳殿最为壮观。

▼ **隋朝青釉壶**

在古代，皇帝为了巩固皇权，显示自己的不可侵犯，满足自己的物质享受和精神愉悦，纷纷建筑气势磅礴、工程浩大的建筑物，这就是宫殿。宫殿一般都遵循"前朝后寝"的建筑体例，即把宫殿分为两部分，"前朝"用于帝王上朝治政、举行大典，"后寝"则是皇帝与后妃们平时居住的地方

东都洛阳的规模其实小于大兴城，城内的建设结构也合理合制，人们之所以提及隋炀帝兴修东都的奢华与残暴，而对其痛斥批判，除了其修建用时短、劳役众多而且刑罚严苛的原因外，其实更多的是因为隋炀帝借口迁都而修建的显仁宫和西苑太过奢华。

营建东都的同时，隋炀帝还命人在新都附近修建了显仁宫，作为夏宫（古代皇帝为避暑而建的宫殿）。显仁宫修建在了当时地势较高的寿安县（今宜阳东南），这里即便在酷暑天气也很凉爽。隋炀帝命人搜寻大江南北的奇木异石、珍禽异兽运到洛阳，以装饰宫殿和玩味赏乐。

而西苑就更为奢华了，堪称中国建筑史上的奇迹。西苑面积达方圆两百里，而且里面建造了一个周长约为十余里的人工湖，称其为"海"，海内建造了蓬莱、方丈、瀛洲三座神山，神山高出水面一百余尺，山中还建有殿台楼阁，宛若仙境。西苑的北面建有一个龙鳞渠，沿着龙鳞渠又建了十六座小院，每个院子住着一个四品夫人，掌管院事。西苑内假山林立，树木匆匆，鸟语花香，好不惬意！

修建运河

▼ 隋朝骑马女陶俑

从先秦时期到南北朝时期，当时的人民就开凿了大量运河。河运对于交通极为不发达的古代社会是非常重要的，特别是在运输军备粮草方面。隋朝的统治者非常注重发展河运，将分散在各地的人工运河连结在一起，对其政治、经济、文化和社会产生了深刻的影响。早在开皇四年（584年），隋文帝就命人利用汉朝开凿留下的漕渠，修成广通渠（又称永济渠、富民渠）；开皇七年（587年），又命人疏通山阳渎。隋炀帝在此基础上又进行了大规模的修缮与重建。

大业元年（605年），隋炀帝为方便乘龙舟去江都玩乐，下令征发河南诸郡百余万的劳力去修建通济渠，又征发淮南地区十余万民众去疏通山阳渎（自山阳经扬子到达长江）。

大业四年（608年），隋炀帝又征发了河北地区一百余万军民去开挖永济渠，同时又要征兵伐高句（gōu）丽（lí）。这时由于需要的劳役过多，出现了男丁不够用，竟派妇女充劳役的情况，十分残忍。

大业六年（610年），隋炀帝又命人开挖江南河，以方便他到东南地区巡游。到这时，南起余杭，北达涿郡，西至洛阳、长安，长达六七千里的隋代大运河才算正式完成。

　　隋炀帝修建运河后，在位的十四年间曾经多次坐船沿大运河巡游，住在西京长安的时间不到一年，住在东都洛阳的时间只有三年，其他时间都在巡游或者征伐。本来，天子巡游是天子关注世事、勤于政事的表现，但是隋炀帝却不是这样的。他的巡游只有耀武扬威、奢靡享受、吃喝玩乐的目的。他每次巡游的时候，陪同的人就经常达到十万左右，巡游所需要的经费、吃穿用度都由当地州县财政划款，而且他还以州县招待他花费的多少来予以赏罚，各官吏为了好好表现自己，竭力搜刮人民，老百姓们怨声载道，敢怒不敢言，盼望隋炀帝的统治能早早结束。

　　当然，修建大运河也有积极意义，它促进了南方地区经济的发展，沟通了南北的经济文化交流，方便了隋朝统治者对东南、东北地区的控制，对后世产生了深刻的影响。

龙舟是船上画着龙的形状或做成龙的形状的船

三次东征

前面我们说到，隋炀帝修建大运河其中有一个目的就是征伐高句丽。隋炀帝杨广从大业八年（612年）到大业十年（614年）曾经御驾亲征，对这个地方进行了三次攻伐。高句丽是哪？隋炀帝为什么要攻打这个地方呢？让我们一起来揭开谜底！

大业三年（607年）六月，隋炀帝杨广在一次北巡的时候，在突厥启民可汗那里见到了私通突厥的高句丽的使者，黄门侍郎裴矩对他说："高句丽这个地方，西周的时候就被分封给箕子，汉晋的时候也是中国的地盘，现在却不甘心对我们称藩，成为一个独立的国家了。先帝在世的时候就想出兵讨伐他们了，陛下您现在威风天下，为什么不把它重新变成自己的领土呢？"杨广听后，差人对高句丽使者说："你回去的时候告诉你们国王，只要你们真心从我，报答我对你们的养育之恩，我就既往不咎，待你们如初。但是如果你们再不来朝见我，我就率领人马去你们那里好好看一看。"

▼ 高句丽陶器

此时的高句丽已经变成东北地区比较大的国家了，使者对高句丽王传达了隋炀帝的意思，高句丽王也毫无恐惧的意思，仍然不亲自朝见，带的礼物也少得可怜。这下隋炀帝的面子可挂不住了，非要攻打高句丽不可。

第一次东征在大业七年（611年）二月，隋炀帝到达涿郡（今北京），正式下诏攻伐高句丽。他下令让全国各地的士兵都聚集在涿郡以备出征，让河南、淮南、江南等地区的工匠制造了五万辆兵车送往高阳，又在泸河、怀远两镇设立了两个储粮地，让民夫千里迢迢将米送来。由于当时没有专门的运输部队，兵车、粮食都是由士兵们自己运送，人手不够便征发了大量的民夫，共计好几十万人。天气炎热，路途遥远，步履不停，极度劳累，很多人都死在了路上。大业八年（612年），隋炀帝下令出师，这一次征伐高句丽，共出动兵力一百一十三万三千八百人，而为之运输的就有二百多万人。双方军队隔岸而望，剑拔弩张，交战时高句丽的士兵们毫不畏惧，斗志昂扬，英勇抵抗。由于隋朝的士兵们长途奔波，体力不支，加上水土不服，很快就败了。

第二次东征是在大业九年（613年），时隔上一次战败还不到一年的时间。杨广觉得上一次的失败让自己丢尽了面子，迫不及待地要进行第二次征伐。这一次双方激战了二十多天，在隋军马上就要攻破辽东城时，一个噩耗传到了隋炀帝的耳中：杨素之子杨玄感反了。这对于杨广来说意味着自己的江山社稷要摇摇欲坠了，还有什么战争能比江山社稷的稳固更重要呢？于是他立即下令，班师回朝。这一次，杨广又无功而返。

第三次东征在大业十年（614年）。杨广平定了杨玄感的叛乱后，灭亡高句丽之心不减，二月初三再次下诏出兵攻打高句丽。两次战争已经

杨玄感兵败被杀

杨玄感是司徒杨素的长子。隋炀帝猜忌大臣，这使杨玄感内心不安，他便开始策划谋反。

隋大业九年，炀帝第二次出征高句丽时，命令杨玄感到黎阳督粮。这时民变四起，杨玄感认为机会难得，便停止前进，将士兵屯在黎阳，并迅速围攻洛阳。久战不克，隋朝的援军到来，杨玄感被迫且战且逃，最后被宇文述的军队攻击，杨玄感大败，他带着十余个骑兵逃到林木间。

杨玄感自知处境危险，难免一死，便让弟弟杨积善杀了自己。

▼ 越窑青瓷

把高句丽拖得疲惫不堪，这一次高句丽王派人来投降了。杨广很高兴，心想就放过高句丽一马吧！于是下令收兵。谁曾想，高句丽王只是在快要坚持不住的时候做出了低头的选择，并不是真心地投降，等隋朝撤军之后并没有对隋称藩的意思。杨广发觉后非常生气，本想再一次攻打高句丽，但是历史却不再给他任何机会了。

隋炀帝即位之初，改元大业，意为缔造宏图伟业之意，可见他也是一个渴望政绩、希望能够有一番作为的君主。但由于他的骄奢淫逸，他的穷兵黩武，他的盲目自大，以及他的性格残暴，隋文帝精心打造的一个繁荣富强、国富民安的和谐社会，在他手里已经变得不像样子了。

▲ 杨广

闯关小测试

➡ 1. 隋文帝最初确立的太子是（　）

　　A. 杨勇　　B. 杨广　　C. 杨谅

➡ 2. 隋炀帝将都城迁到了哪里？（　）

　　A. 开封　　B. 洛阳　　C. 许都

➡ 3. 隋炀帝共征伐高句丽几次？（　）

　　A. 一次　　B. 二次　　C. 三次

参考答案：1.A　2.B　3.C

隋末大乱

隋炀帝横征暴敛，连年征战所需要的劳役和粮财已经严重超过了人民所能承担的最大限度，而他却不知克制，反而变本加厉，人们终于不堪重负，爆发了此起彼伏的农民起义。隋王朝在起义的呼喊声和厮杀声中走向灭亡，只存在了短短的38年。

瓦岗军起义

隋末的农民起义是与隋炀帝东征紧密相关的。早年修建大运河、营建东都等大兴土木的行为未引起社会的大暴动，也许是得益于隋文帝在位时给他积攒的充裕的粮食和人口，但总会有坐吃山空的那一天。随着粮食和人口的供需矛盾逐渐激化，老百姓再也承受不住这样繁重的负荷了。

河北、山东、河南等地是这一时期承担赋役最为严重的地区。大业七年（611年），这些地区遭遇了特大水灾，第二年又发生了特大旱灾，人民本来就食不果腹，还要承担政府的各种压榨。于是，农民起义的号角率先在这里吹响了。这一时期，全国各地发生的反隋起义斗争大大小小有一百多起，各起义部队之间互相吞并，最后形成了三支规模较大的起义部队，分别是河南李密领导的瓦岗军，河北窦建德领导的夏军和江南杜伏威领导的吴军。

瓦岗军是三支起义军中力量最强的一支。大业七年（611年），翟让在瓦岗寨（今河南滑县）揭竿而起，山东、河南等地的农民纷纷响应。这时一个重要的人物出现了，此人叫李密，曾与杨玄感为至交。杨玄感叛乱时，李密曾替他出谋划策。杨玄感兵败后，李密被抓，被押送至隋炀帝当时所在的高阳（今河北高阳）等候发落。李密在途中花重金贿赂看守他的官兵才得以逃脱。他逃脱以后，迫切想要寻找下一座靠山，而当时势力比较强大的翟让引起了他的注意。翟让爱才，见李密确有才能，慢慢地接纳和信任了他，军中大事都与他商议。在李密的帮助下，瓦岗军势如破竹，势力越来越强，在大业十三年（617年）还抢占了当时隋军位列第一、第二的粮仓——洛口仓和回洛仓。这时翟让自愿让位于李密，于是李密成了义军的领袖，自封为魏公，改大业十三年为永平元年，建立了自己的政权。隋炀帝知道后，命王世充等人率军去剿灭瓦岗军。

翟让虽然自愿让位于李密，但是翟让的部下可不愿意。翟让的哥哥翟宽说："天子只能自己做，怎么能让位给别人呢？你要是不愿意做，我就代替你做！"这些话传到了李密的耳中，

▼ 牛角挂书的李密

李密小时候是放牛郎，很喜欢看书。他用薄草做成鞍鞯（jiān），将《汉书》挂在牛角上，一边骑牛一边看书，恰巧被隋朝大官杨素看到。杨素好奇地问："哪里的书生这么勤奋？"李密认出了杨素，翻身下牛向杨素参拜。杨素问他读的是什么，他回答说："《项羽传》。"杨素和他交谈一番，觉得他学问不简单。回到家后，杨素对儿子杨玄感说："李密的学问胆略，恰恰是你们这些人身上稀缺的。"杨玄感便决心做李密的好朋友。

隋炀帝九年，玄感在黎阳起兵，派人入函谷关迎接李密。李密给杨玄感出了上、中、下三策，但是，杨玄感偏偏选中下策。

李密觉得翟让不除，军心不稳，必须杀掉翟让才能以一儆百，稳固军心。机会来了。王世充带兵来战，翟让战败，李密率精兵去增援，打得王世充落荒而逃，翟让想乘胜追击，但是李密以天色已晚阻止了他。第二天，李密设好埋伏，宴请翟让。席间，李密向翟让展示了一把好弓并让他试试，翟让毫无防备之心，起身拉弓之时，李密命人从背后将其一刀致命。杀了翟让后，李密又铲除了翟让的兄弟和部下，派自己的心腹接管了翟让的部队。李密以为这样就可以毫无后顾之忧了，但

弓弦一般由牛背筋精心制作而成。中国很早就知道抽出牛、鹿等动物的筋来制作弓弦

弓胎，指用来制作弓箭的两年左右的竹子

翟让手腕处的护套，可以避免在练武时拉伤手腕

◆ 知识链接

死里逃生的翟让

　　翟让因为犯了死罪被关进监狱，有个叫黄君汉的狱吏放了他，翟让非常高兴，感动得流泪。谁知黄君汉怒斥道："我原以为你是大丈夫，能够拯救黎民百姓，因此才违反法律来解救你，你竟然像个小孩一样痛哭流涕，这就是你对我的感谢吗？"翟让于是决心起义。

▲ 隋朝白釉陶女舞俑

事实恰恰相反。原来翟让的部下知道翟让被害的消息后，才惊觉原来李密是一个心胸狭窄、心狠手辣、忘恩负义的人，更不甘心听他领导了，瓦岗军逐渐各自为战，渐渐分离。

　　如此分裂的情形导致了瓦岗军惨败，李密走投无路，最后只得投降于李唐。

杨广之死

中原大乱，隋炀帝杨广看在眼里却又无可奈何，束手无策。不知道他是希望寄情于山水，逃避现实，还是想在生命的最后一段时光好好享受，提出想要巡游江都。到了江都，又想迁都丹阳（建康），好利用丹阳的长江之险作为军事屏障，做着即便失去了北方，好歹也还能坐拥江南的春秋大梦。

　　但其实，他好像知道自己命不久了。有一次他摸着自己的脖子，对萧皇后说："这么好的头，给谁来砍？"萧皇后大吃一惊，问他为什么这样说。杨广回答道："贫富贵贱，总是循环更替的，有什么好伤感的。"

　　大业十四年（618年）三月，武贲郎将司马德戡、元礼和监门直阁裴虔通等，率骁果军发动了一场政变，杀了杨广。骁果是隋朝的一支军队，取名骁勇果敢之意。大业九年（613年），隋炀帝为了扩充军队，大量募集关中身强力壮的人，组成御林军，这些人就被称为骁果。因为这些人多为关中之人，跟随隋炀帝下江都远离家乡，眼看隋炀帝又想定都丹阳，毫无回去的意思，思家心切，纷纷逃跑。杨广派兵追杀，想对那些有逃跑想法的士兵起到震慑作用，但是不太管用，于是又允许军士们成家娶妻，

古代对音乐有严格的等级限制，有些音乐只能在皇帝面前演奏，如果擅自违规演奏，视同谋反

在古代，击鼓为乐是一种很好的休闲方式

但还是拴不牢他们的心。士兵逃跑，作为将领的司马德戡罪责难逃，十分惊慌，找来好朋友元礼、裴虔通商量该怎么办。三人商量的结果就是一起逃跑，还要带着军队逃跑。后来宇文智及也加入了这个计划之中，不过他可不太赞同逃跑这样的下下策，他说："逃跑也没用，没准还会被抓回来，不如大干一场，有可能会成就帝王之业。"于是，四人一拍即合，一场弑君夺权的阴谋在慢慢酝酿。

是日晚，狂风肆虐，火光冲天，司马德戡等人的军队包围了宫城，而隋炀帝的宿卫看到情况不妙，大多放下武器溜走了。裴虔通抓住了杨广，念昔日旧情，并不想杀他。杨广问他："你为什么要谋反？"答曰："我不是谋反，是将士们都想回家，我是来请陛下班师回京的。"杨广也顺水推舟地说道："我本来也打算回去的，就是长江上游运米的船还没到，我才耽搁了。你们现在要回去的话，我就跟你们一起走吧。"言语之中净是卑微与讨好，只求能保全自己的一条性命。

但是裴虔通也做不了主，毕竟老大不是他。他将杨广押到司马德戡、宇文化及等人的面前，宇文化及不耐烦地说："别让他出来丢人现眼了，早点杀掉他算了。"杨广惊愕，问自己何以罪及至此。有人回答说："陛下你置宗庙于不顾，不停地巡游玩乐，对外频频征讨，对内骄奢淫逸，无数的壮丁在锋利的刀剑下失去了生命，无数的妇女弱小死在沟壑之中，如今民不聊生，四处叛乱，而你专门任用贪官污吏，不听别人的劝言，怎

不得善终的司马德戡

　　司马德戡是隋朝的著名将领，小时候家穷，以杀猪谋生。后来他当兵打仗，渐渐升到大都督。炀帝大业初年，跟从杨素讨伐汉中王杨谅，因功授仪同三司。

　　他和宇文化及一起造反，杀了炀帝，并推宇文化及为丞相。他自己被封为温国公，仍旧统领本部兵马。几天后，被宇文化及削去兵权，因此心怀怨愤。

　　大业十四年（618年）忍无可忍的司马德戡与同党计划杀死宇文化及，并想自立为王。但计划泄露后，他兵败被杀。

▼ 五联罐

么能说你没罪！"杨广回答说："我确实对不起百姓，但是对于你们，我给了你们地位，给了你们丰厚的俸禄，让你们享尽荣华富贵，你们却这样对我！"杨广十二岁的儿子杨杲（gǎo）吓得哇哇大哭，被裴虔通一刀刺死。杨广见到这种情形，明白自己的末日确是到了。他说："天子有天子的死法。你们拿毒酒来给我喝。"哪知道找不到毒酒。隋炀帝便亲自解下练巾交给旁边的人，让别人把自己给勒死了。

臣弑君被看作是大逆不道的行为，但当皇帝无道时，臣弑君又被认为是替天行道

从秦始皇到清朝灭亡，中国出现了几百个皇帝，但有很大一部分皇帝都是非正常死亡，皇帝的平均寿命只有三十多岁。可见，在权力的最高处，能安度晚年确实不容易

杨广的一生定格在了五十岁。杨广死后，萧皇后和宫女们用床的木板做成了一个小棺材，把他和儿子埋在西院里。一代君王，死得如此凄惨。

乱世风云

杨广死了，隋朝也随之灭亡。杀死杨广后，应该推举谁成为新皇帝，这是一个问题。宇文化及想起了秦王杨浩，杨浩是秦王杨俊的儿子，是隋文帝杨广的孙子。杨浩与宇文化及的弟弟宇文智及关系密切，宇文智及竭力保他性命。宇文化及认为他还是个不错的人选，于是假传皇后懿旨立他为傀儡皇帝，自立为大丞相。随后杀死蜀王杨秀和他的七个儿子，又将隋朝的宗室、亲戚全都杀死。但是没过多久，宇文化及就不满足于现状了，废掉了杨浩，自己当了皇帝，改国号为"许"，改年号为"天寿"。因此，史书不认为杨浩是隋朝的皇帝。

杨广的死讯传到东都，留在东都的官员认为"国不可一日无君"，于是王世充等人拥立了隋文帝的孙子杨侗为帝，改年号为"皇泰"，杨侗上位时只有14岁，同样也只是一个政权的傀儡，国家真正的主人是王世充。

国不可一日无君，但是，一山也容不得二虎。宇文化及率先带兵来战，一决雌

▼ 三彩炉

雄。此时的东都新君刚立，政权未稳，又历经多年的征伐战乱，哪里还有迎战的实力。东都的元文都等大臣想了一个办法，联手叛军李密，赦免他的罪过，利用他和宇文化及的鹬蚌相争，隋朝可以坐观其成，坐收其利，等李密打败宇文化及后，再治李密的罪。皇泰主杨侗也觉得这个办法很好，应允了。当时，李密正与宇文化及针锋相对，渐渐有些不支，看到隋朝派来的使者，非常高兴，连忙答应归顺朝廷，携手打败宇文化及。东都的皇上大臣们听闻与李密达成一致，就像已经取得了战争的胜利似的，高兴得手舞足蹈。但是有一个人是不高兴的，这个人就是王世充。

王世充这个人开皇年间就在隋朝做事了，政绩、军功显赫，也深得皇帝的信任，对于权力的欲望也越来越强烈。此时却冒出了一个李密抢尽了他的风头，朝中皇帝、大臣都仰仗于他，王世充觉得非常不满，说："元文都这些小官小吏的，有什么能耐？忘了当初我们打李密的时候，打死他多少的兵将。现在他因为势微才依赖我们，一旦得势，绝不会轻饶我们！"元文都听到这话，害怕王世充报复，就设计想要除掉王世充。没想到被手下告密，王世充先下手为强，发动了政变，消灭了以元文都为代表的那些倾向于李密的大臣，一手遮天。

没过多久，李密打败了宇文化及，班师回朝，但自己也元气大伤，不胜以前，王世充想趁此机会除掉李密。结果，王世充胜，李密败亡，投靠了唐王李渊。王世充不仅占领了李密原来除洛阳地

▼ 石雕菩萨像

◆ 知识链接

杨广的《春江花月夜》

唐朝诗人张若虚写有名篇《春江花月夜》，很少有人知道这首诗借鉴吸收了杨广的同名作品。杨广的《春江花月夜》全文如下：

暮江平不动，
春花满正开。
流波将月去，
潮水带星来。

这首诗给张若虚带来了灵感，名句"春江潮水连海平，海上明月共潮生"正是由此而来。由此我们可以看出杨广在文学方面的造诣。

区之外的整个河南地区的地盘，还获得了原李密部下的秦叔宝、程咬金等大将，如虎添翼。

公元619年，王世充逼迫杨侗让位于他，自己做起了皇帝，改年号为"开明"，国号为"郑"。王世充不善政事，滥用酷刑，导致人心涣散，政局动荡，其部下也纷纷降于李唐。公元621年，李唐攻破洛阳，王世充被俘。

胜者为王，败者为寇。隋王朝就这样退出了历史的舞台，一个新的王朝——唐朝闪亮登场。

闯关小测试

➡ 1. 李密埋伏士兵暗杀了（ ）

    A. 翟宽   B. 翟让   C. 王世充

➡ 2. 杨广死后，继任的皇帝是（ ）

    A. 杨杲   B. 杨浩   C. 杨侗

➡ 3. 天下大乱时，杨广在做什么？（ ）

    A. 带兵镇压   B. 坐镇皇宫   C. 游幸江东

参考答案：1.B 2.C 3.C

大唐开国

　　唐朝（618—907年），一个屹立于世界近三百年的帝国，也是中国古代最繁盛的王朝之一，共历经二十一帝，度过了二百八十九年的岁月。唐朝的政治制度、经济政策、文化制度等多承袭于隋朝，故常把二者合称为"隋唐"。如今在外国的城市中常设有"唐人街"，而外国人也时常称我们中国人为"唐人"，就是因为唐朝时期国力雄厚，对海外的影响巨大，于是"唐"成了中国的名片，国人的标签。

晋阳起兵

　　李渊，出生于北周的贵族家庭。我们都知道西魏的八柱国之一、大司马独孤信，他的七女儿嫁给了隋文帝杨坚，也就是独孤皇后，他的四女儿嫁给了李昞（bǐng），并于566年生下了李渊。也就是说，独孤皇后是李渊的姨妈。北周时期（572年），李渊仅仅七岁，就子承父位，成为了唐国公。隋朝建立后，凭借着独孤皇后的宠爱，又在开皇元年（581年）被

李世民改名

　　根据《旧唐书》《新唐书》太宗本纪的记载，李世民的本名不是"世民"。他四岁时与父亲郊游，一个算命的看到四岁的娃娃时赞叹道："凡二十岁，必能济世安民。"他的父亲李渊很高兴，便将他的名字改为李世民。

任命为皇上的近身侍卫，后又封为刺史。杨坚成为皇帝后不久，李渊又官拜大将军。在侍奉隋朝的多年经历中，他深觉这个王朝病入膏肓，无可救药。

李渊终于盼来了机会，大业十三年（617年），李渊被任命为太原留守。太原作为防御突厥的军事重地，有着大批的精兵强将，充裕的武备军资，亦屯有足够的粮食，完全是一个起兵夺权的理想基地。除了这些条件还不够，李渊还需要出色的军师为他

古代的灯具做得十分精致，燃料多为蜡油

出谋划策。这两位军师是谁呢？一位叫裴寂，是晋阳宫副监；一位叫刘文静，是晋阳的县令。

然后，就是募兵了。首先，李渊命刘文静伪造隋炀帝的诏令，召集当地的壮丁去涿郡集合，准备参加攻打高句丽的战争。老百姓对攻打高句丽厌倦不堪，这下闹得大家议论纷纷，怨声载道。

随后，又让刘文静替他伪造了一个隋炀帝命他招兵，以对抗刘武周联合突厥进攻太原的诏令。老百姓权衡之下，觉得还是加入李渊的部队比较好。于是，李渊顺利地招到了很多壮丁，也很顺利地夺得了太原。

▲ 李渊

万事俱备，这一年六月，李渊正式举起了反隋的大旗。他命裴寂为长史，刘文静为司马，大儿子李建成为左领大都督，二儿子李世民为右领大都督，开仓放粮，赈济灾民，一切都井然有序。

七月，他又让四儿子李元吉留守太原，命刘文静联合突厥，然后亲自带兵三万向关中征伐。先后攻破了霍邑防线和东城防线，又取得了长安保卫战的胜利。

李渊攻下隋朝的西都——长安后，迎立代王杨侑为傀儡皇帝，自任大丞相、大都督，加封唐王。

次年五月，李渊自立为帝，定国号为唐，改元武德，定都城长安，封李建成为太子，李世民为秦王，李元吉为齐王。建立政权后，唐高祖李渊就该考虑如何一统天下，消灭其余反叛势力了。

◆ 知识链接

不忧贫贱的刘文静

刘文静未发迹时，曾经与裴寂同宿。远望城头烽火，裴寂叹道："贫贱到如此地步，又赶上世事离乱，我们当如何保全自己呢？"

刘文静笑道："世途如此，时事可知。形势是可以预知的，你我二人相处投合，又何必忧虑贫贱？"

◆ 知识链接

窦建德的窦王庙

窦建德是著名的隋末起义军领袖。他在山东、河北坚持反隋、反唐长达12年，在推翻隋炀帝的过程中做出突出贡献，是一支重要的军事力量。

窦建德缺乏政治头脑，犯下很多错误，但他仍然是一位非常杰出的农民领袖。窦建德死后，河北人民依然记着他的恩惠，没有忘记窦建德对他们的爱护。河北大名县现在还有"窦王庙"，千百年来香火不断。

▼ 远程唐弩

在唐朝，国家很重视兵器的制作和新式兵器的开发。唐朝是中国冷兵器进步最快的王朝，凌冽的唐刀，射杀距离达200米的强劲唐弩，都在唐朝被研制出来。唐军几乎人人都能配备弓弩，这么强大的军事实力，在以往的朝代是根本做不到的。

平定中原

隋 灭亡后，各方势力建立了多个政权，也存在着多个自称皇帝的人。统一的过程是很漫长的，长达七年。在这个过程中，唐朝建国之初另一位重要的主人公——李世民，一路披荆斩棘，越发卓越。

武德三年（620年），李世民踏上了一条一路向东的逐鹿中原之路。他面对着两个劲敌——河南的王世充与河北的窦建德。前面我们讲过王世充，这里我们就来讲一讲窦建德何许人也。

窦建德，河北人，从小就慷慨仗义，为人称颂。大业七年（611年），隋在河北地区征集东征高句丽的士兵时，窦建德被命为二百人长。他有一个好朋友叫孙安祖，怎么也不愿意去应征，被官府抓住施以鞭刑，他一气之下杀了县令，躲在窦建德的家里。窦建德不仅帮他藏身，还帮他召集二百多个壮丁让他们去当流寇。不料这事被官府发觉，派兵前去逮捕他，恰逢窦建德不在，官兵把他一家老小都杀掉了。窦建德十分气愤，带兵投靠寇匪高士达，因为窦建德为人仗义，腹有谋略，越来越多的人投靠他，高士达便让位于比自己有能力的窦建德。窦建德的势力越来越强，占据了河北地区，武德元年（618年），建立了夏国，自称夏王。

窦建德与李世民之间发生了一场很著名的战

役——虎牢关之战。虎牢关，位于今河南荥阳，以其地势之险成为洛阳东部的天然屏障。武德四年（621年），窦建德率军十万南下至虎牢关，和李世民一决高下。此时李世民的部队已经和王世充足足打了八个月，相持不下，士兵们疲惫不堪，急需调整，而窦建德的军队却是整装待发，精神抖擞，若与之交战，必没有十足战胜的把握。但李世民做了一个大胆的决定——打！

李世民采取兵分两路的策略，一面命齐王李元吉率一队人马继续攻打王世充，一面自己带三千五百人的精锐部队，前往虎牢关迎战。三千五百人对十万大军，李世民能胜利吗？

窦建德没想到李世民居然敢应战，当李世民带兵冲锋的时候窦建德还在开朝会，商议怎么打这一仗。李世民的突然来袭，打得他和他的大臣们手忙脚乱，

中国很早就有水军了，并且研究总结了很多水上作战的方法

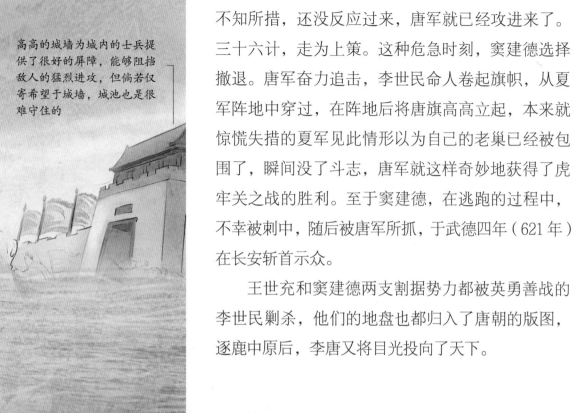

高高的城墙为城内的士兵提供了很好的屏障，能够阻挡敌人的猛烈进攻，但倘若仅寄希望于城墙，城池也是很难守住的

不知所措，还没反应过来，唐军就已经攻进来了。三十六计，走为上策。这种危急时刻，窦建德选择撤退。唐军奋力追击，李世民命人卷起旗帜，从夏军阵地中穿过，在阵地后将唐旗高高立起，本来就惊慌失措的夏军见此情形以为自己的老巢已经被包围了，瞬间没了斗志，唐军就这样奇妙地获得了虎牢关之战的胜利。至于窦建德，在逃跑的过程中，不幸被刺中，随后被唐军所抓，于武德四年（621年）在长安斩首示众。

王世充和窦建德两支割据势力都被英勇善战的李世民剿杀，他们的地盘也都归入了唐朝的版图，逐鹿中原后，李唐又将目光投向了天下。

一统天下

李唐集团现在已经成为一支不容小觑的势力了，但是在山西、河北、甘肃、湖北、江苏等地区仍然存在着大大小小的分裂割据势力，要想一统天下，就必须将他们一一消灭。

先是平定萧梁。萧梁，南朝梁宗室后裔萧铣所建。李世民平定中原的同时，李渊命行军总管李靖南下平定萧梁。李靖带兵渡江之时，萧铣对战局做了错误的判断，他认为这个时候长江水位较高，不适合行船，所以并没有在长江沿线进行防御部署。于是唐军顺利渡江，攻陷了荆门和宜都两个军事重镇，

◆ 知识链接

刘黑闼被骗进城

　　唐军紧紧追赶，刘黑闼片刻不得休息，长途跋涉也令士卒疲惫。他们逃至饶阳的时候，手下仅剩一百多骑兵，每个人都饿坏了，想进城吃点东西。

　　令人惊喜的是饶阳的刺史正是当年刘黑闼亲自任命的诸葛德威。诸葛德威走出饶阳城，邀请他们进城。刘黑闼刚开始很怀疑，不同意进城，但诸葛德威哭着坚持邀请，刘黑闼很感动，便进了城。谁料诸葛德威立刻逮捕了他，很快他被送到李建成那里，惨遭杀害。

▼ 绿釉双鱼壶

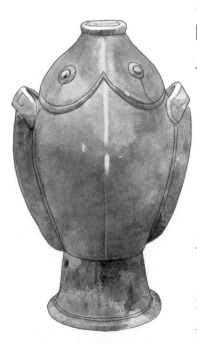

进逼夷陵（今湖北宜昌）。萧铣这才着急起来，赶快命人去长江口布防，但是为时晚矣，梁军被杀的杀，淹的淹，大势已去。

　　唐军俘获了梁军一千余艘战船，李靖命令把这些战船放到江中，让他们顺流而下，将士们十分不解，这么好的军备物资干嘛丢了呢？李靖回答说："长江下游的那些梁军看到这些战船，必定以为江陵已经陷落，不敢轻易前来救援。"这就叫不战而屈人之兵！灭了萧铣，整个长江中下游地区也为李唐所有了。

　　而后平定刘黑闼（tà）反叛。刘黑闼原来是窦建德的部下，窦建德死后他逃回家乡，集结人马，再度反叛。武德五年（622年），刘黑闼自称汉东王，建立了政权。李世民再度出征，与幽州罗艺南北夹击。

　　在决战之中，李世民采取泄洪灭敌的办法，奋力抵抗的汉东军即使没有战死沙场，也被这从天而降的洪水给吞没了，而刘黑闼早就看形势不妙，溜之大吉了。

　　没过几个月，刘黑闼又勾结突厥，前来复仇。为了抬高太子李建成的地位和声望，魏征建议太子李建成主动请缨，为国杀敌，太子深以为然，李渊知道了李建成的想法后也非常高兴，命他出兵河北。李建成在魏征的辅佐下，平定了刘黑闼的反叛。

　　除此之外，各地大大小小的叛乱都纷纷被平定。天下净归唐王版图，一切都看起来十分顺利祥和，谁曾想，一场你死我活的内斗正在悄然上演。

玄武门之变

前面提到魏征为了增强太子的威望和地位，建议李建成主动请缨出兵平定刘黑闼之乱，这场玄武门之变就是发生在太子李建成和秦王李世民之间的夺权之争。玄武门之变的原因是什么呢？为什么本应情同手足的兄弟俩选择了兵戈相见，非要闹到你死我活的地步呢？这事还得从头说起。

和隋朝立杨勇为太子一样，李渊也坚持着嫡长子继承制度，立长子李建成为太子，同时也是一直对李建成寄予厚望的。隋炀帝杨广取代杨勇、争夺帝位，这种行为他极为不齿，所以不想重蹈覆辙，在继承人的问题上走隋朝的老路。

被封为秦王的李世民智勇双全，英勇善战，多次帮李渊平定各方叛乱，使得李渊对他刮目相看，授予他多个官职，以示对他的功绩的肯定与赞赏。但同时，这也是李渊对李世民的一种警醒，意为虽然他功不可没，但是也给了他相应的地位和荣耀，天子有命，希望世民最好不要做出格的事情。但是李世民可不这样想。连年征战，网罗人才，羽翼渐丰的他野心也越来越大。

势力越来越大的李世民直接威胁到了太子李建成的地位，引起了李建成的不安与不满，两人明争暗斗，齐王李元吉在这时加入了太子的阵营。李建

▲ 早年不被赏识的魏征

魏征先后效力于李密、李渊、李建成，均未得到重用，直到遇见李世民，魏征才有所作为。

知识链接

"皇上，这不归您管"

唐军的战斗力很强，也归功于完善的管理制度。唐朝的军队有严格的建制，不能逾越。唐太宗有次在骊山上看到军队散漫，不成队伍，非常生气，想要处罚校尉。这时，有人劝道："皇上，这不归您管，别坏了规矩。"唐太宗只好罢手，交给相关部门去处理。

成与李元吉两人一边讨好李渊的妃子们，让她们在李渊面前多说他们的好话；一边拉拢本来倾向于李世民的大臣，在李渊面前丑化李世民，后来还想谋害李世民。李世民非常气愤，决心给他们二人一点颜色看看。

公元 626 年，李世民在房玄龄和杜如晦的帮助下开始实施反攻计划，买通了玄武门的禁军将领常何。六月初三这一天，李世民在李渊面前诬陷李建成和李元吉淫乱后宫，说："我对待兄弟们一直忠心耿耿，无所亏欠，现在太子想杀我，就像是为王世充、窦建德报仇似的，我要是冤死了，在地下也以见到他们为耻！"李渊安抚他并答应他定会彻查此事。李建成兄弟两人闻此消息，马不停蹄地赶往皇宫，面见圣上，想要为自己洗脱冤屈。在行至玄武门时，遭到了李世民早早安插在此的伏兵的攻击，李建成被李世民一箭射死，李元吉也被李世民的部下所杀。

李渊此时正在湖面上划船嬉戏，李世民的部下就带兵来了，对李渊说："太

箭袋是专门用来盛箭的工具，在战场上发挥着重要的作用

被箭射中后，虽然有时不至于当场致命，但箭头对身体的创伤却是很大的

子、齐王妄图叛变，秦王已经将他们剿灭了，怕惊动了陛下，让我们来保护您。"名为保护，实为监视。李渊惊问他的近臣应该怎么办，近臣答，把政事交给李世民就好了。事已至此，李渊也只得顺水推舟地说："这也是我一直以来的心愿啊！"

六月初六，李渊将李世民立为太子。八月，李渊让位于太子，自为太上皇。李世民夺了王位，又将李建成的五个儿子和李元吉的五个儿子全部杀死。

这就是血腥残忍的玄武门之变。自古以来，封建王朝的继承人是立长还是立贤，一直是一个难题，既要符合于传统礼法，又要有益于江山社稷。以如此残忍的手段夺得王位，究竟是利欲熏心？还是不得已情况下的自保行为？

▲ 唐三彩凤首壶

闯关小测试

➡ 1. 唐朝的开国皇帝是（ ）

    A. 李渊　　B. 李世民　　C. 李建成

➡ 2. 是谁在河北建立了夏国？（ ）

    A. 孙安祖　　B. 窦建德　　C. 高士达

➡ 3. 玄武门之变的胜利者是（ ）

    A. 李建成　　B. 李元吉　　C. 李世民

参考答案：1.A　2.B　3.C

贞观之治

李世民夺取皇位后，励精图治，在他统治唐朝的这二十三年间，天下大治，社会太平，被后世称为"贞观之治"。在同一时期，欧洲、西亚等古老文明的诞生地，或衰败，或战乱。而李世民带着东方的大唐王朝成为当时世界上最文明、最先进的国家。那么他又为初唐的繁盛做了哪些事儿呢？

 科举取士

前面提及，隋文帝废九品中正制，实行科举制度，大业年间，隋炀帝杨广设"进士科"，用考试的办法选拔人才，这是科举制的开始。但是没过多久，隋朝就兵变四起，天下大乱了，所以科举制在当时并未得到有效的实施。唐太宗李世民贞观年间，天下大治，社会稳定，重开科举才又被提上议程，所以隋朝是科举制的开端时期，而唐朝才是科举制的成型与完善时期。

科举制是中国古代极具创新性和生命力的一

种选官制度，甚至被西方社会誉为"中国的第五大发明"。科举制自隋创制起，就一直为后世所沿袭和改进，一直到近代 1905 年因不合时宜才被废除，存在了一千二百多年之久，对中国的历史产生了重要的影响。科举制到底有何优势呢？我们有句俗语叫"一人得道，鸡犬升天"，我们可以用它来反观中国传统社会的社会形态。科举制之

皇榜由翰林院或者礼部写完以后，皇帝盖章，然后发布天下。在各个张贴处，有一个人专门读皇榜，因为古代不识字的人还是很多的

前的古代中国实行过察举制和九品中正制，其根本方法就是由中央任命的大臣去挑选、推荐人才给国家，最开始的时候可能还会做到公平公允，时间久了，弊端也就随之显现。大臣要不就是挑选自己的亲戚，要不就是推荐给自己送礼送得多的人，这就导致了寒门弟子永无出头之日，官吏中饱私囊，朝中人才缺乏，于是科举制就应运而生了。

唐朝的科举制先后增开了许多科目，主要包括"秀才、明经、进士、明法、明算、明书、道举、童子"八科，最火热的一门是进士科。唐朝的科举制有以下特点：一、原则上向所有人开放，只要你认为你有能力就可以来考试，当然不包括工商业的从业者（"重农抑商"政策）；二、考试过程极为严格，参加考试的人要先后通过县考、州考、朝廷礼部的考试和吏部的考试，及格的才能被授予官职。吏部考试评分的标准又分为"身、言、书、判"四个标准，分别考察考生的容貌体形、言谈举止、书法文笔和逻辑认知，从这可以看出，要想在唐朝当官真的要从内在到外在都非常优秀才行！

此外，唐太宗还竭力扩充国学的规模，扩建学社，增加学员。还经常亲自去学社视察，关心教学、学生。科举制度为初唐培养了大量优秀的人才，为打造"贞观之治"奠定了基础。

▼ 青釉钵

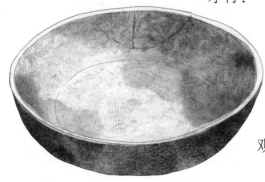

政清人和

唐太宗李世民即位第二年，改元"贞观"，所以后世也把他打造的长达23年的繁华时代称为"贞观之治"。同勤政爱民的隋文帝一样，他同样是一个具有政治谋略和体恤百姓的人。

隋末留下的社会弊病和多年的战乱，再加上自然灾害频发，此时的唐朝已是民生凋敝，经济萧条，当务之急就是发展生产，增加人口。唐太宗想了三个办法。第一，释放宫女，唐太宗前前后后共释放了共计五千名宫女。释放宫女不但可以减少宫廷的开支，而且宫女去社会上可以成家生子，又发展了生产，增加了人口。第二，赎回被突厥等国掳去的人口，大约有二百万人。第三，鼓励早婚早育，规定民间男性20岁、女性15岁要结婚，而且把婚姻状况和户口数量作为官员考核的标准之一。

在发展农业生产上，他重新制定了均田制，尽可能保障人人有地，同时鼓励开垦荒地，予以赋税上的补贴。唐太宗还实行轻徭薄赋的政策，不夺农时，休养生息。他在位期间，曾经前后十三次减免赋役，农民都非常感激他。为了使农业少受自然灾害的摧残，他还大力倡导兴修水利，新建了很多引水、排水的工程，对农业应对水灾、旱灾起到了重要的作用。

在政治制度上，唐朝借鉴了隋朝的制度并发展

▲ 骁勇善战的唐太宗

唐太宗是唐朝第二位皇帝，杰出的政治家、战略家、军事家、诗人。史书记载，李世民年轻时力大无比，将一张两米长的巨阙天弓作为随身兵器。

李世民有次与敌人交战，仅率一名骑兵和他一起到敌方阵地侦查。走到一处草原高地时，他们原想稍微休息一下，不料竟然都睡着了。敌人发现了他们，正要围攻他们，此时一条蛇追赶老鼠，奔到骑兵脸上，惊醒了骑兵，骑兵喊醒李世民上马逃亡。李世民弯弓射箭，百发百中，很快就逃回了营地。

为三省六部制，并进行了一些改革，使其能够更好地发挥加强皇权、制衡权力、集思广益的优点。唐太宗特别注重地方官吏的选拔，他认为地方官吏是一方父母，必须要德才兼备，才能更好地代表政府的形象，更好地为民做事。所以他下令刺史由他亲自选，县令由五品以上的官员推荐，地方的官吏每年都要亲自进京来汇报工作，吏部进行考评。他在自己的卧室里摆了一个屏风，上面写了全国各地的刺史的名字，并相应记下他们的功过，好及时对他

◆ 知识链接

兼听则明，偏信则暗

唐太宗曾问魏征："君主怎样做才能明辨是非，怎样做就是昏庸糊涂？"

魏征答："广泛地听取意见就能明辨是非，偏信某个人就会昏庸糊涂。"

古人在地里干活时，为了避免太阳直晒，便发明了头巾。头巾既能遮挡太阳，又能吸汗，带走身体的热量，是一种简单而有用的小发明

们进行赏罚,他的这种勤于政事的行为一直被传为佳话。也是由于此,贞观年间才得以吏治清明。

　　唐太宗的敬才爱才、从谏如流也是出了名的。房玄龄和杜如晦,可以说是唐太宗的左膀右臂。二人投靠李世民,都受到了李世民的重视与器重,二人也殚精竭虑、鞠躬尽瘁地辅佐着李世民,毫无私心。提及李世民虚心纳谏就必然要提到一个大臣——魏征,魏征到现在仍是直言纳谏的杰出代表。相传,魏征在李世民面前曾经进谏了二百多次。魏征本来

◆ 知识链接

盛世＞治世

　　治世指的是百姓安居乐业,天下太平。盛世相较于治世发展得更好,国家政权稳定,社会各方面也取得了很大的进步。

是太子李建成的部下，曾经劝李建成早点把李世民除掉，李世民得势后，质问他说："你当初为什么要在我们兄弟之间挑拨？"魏征回答："人各为其主，我忠于我的主人，有什么错吗？"李世民见他如此坦诚，心里很是钦佩，加上魏征后来不断为国进谏，李世民越来越信任和器重他。贞观十七年，魏征病死。李世民说："以铜为镜，可以正衣冠；以史为镜，可以知兴衰；以人为镜，可以明得失。"李世民将魏征看作他人生的一面镜子，魏征的死让他悲痛不已。

此外，唐太宗本人勤俭节约的品格，对科举制度的改革以及对民族关系的正确处理，都有助于"贞观"盛世的打造。

玄奘西行

我们都很熟悉《西游记》里的唐三藏，其实唐代的玄奘就是唐三藏的原型。他其实并没有那么多神通广大的徒弟，也没有那么神奇古怪的经历，但是他确实去取了经，也确实在取经之路上吃了很多苦，并且对中印文化的交流做出了巨大的贡献。

玄奘，本来姓陈，名祎（yī），洛州缑（gōu）氏人（今河南偃师）。他出生的时候正值隋炀帝杨广大举倡佛，整个社会都沉浸在一种浓烈的佛教氛围之中。玄奘深受影响，打小就对佛学产生了深厚

袈裟是僧人穿的衣服，是
佛教的标志

的兴趣。加上家里经济困难，他曾经在洛阳净土寺

潜心学习了5年。大业三年（614年），玄奘13岁，

虽然年纪太小，但是因为他的执着和真诚，得以破

例剃度出家，取法名玄奘。

▲ 玄奘

　　玄奘，唐朝著名的僧人，他既是研究中国传统佛教的集大成者，又是继承印度正统佛教学说的著名学者。唐玄奘克服艰难险阻，不远万里到天竺求取佛法，带回了大量的佛教典籍，并翻译为中文，同时撰写《大唐西域记》，深深地影响了东亚文化（包括中国文化、韩国文化和日本文化）的发展，也使东亚文化跻身世界文化之林。

◆ 知识链接

大雁塔在哪里？

　　大雁塔位于陕西省西安市南的大慈恩寺内，又名"慈恩寺塔"。玄奘取经归来后，主持修建了大雁塔，用于存放佛经。

　　为了求得佛学的真谛，玄奘来到长安继续求学，期间还经常到今天的四川、湖北、河南、陕西等地追访佛学大师。学习了一段时间后，他发觉各学派关于佛学经典的论述都不一致，充满争议，而且错误很多，便下定决心去天竺（佛教的发源地，主体为今印度）取经。

　　那时候政府严禁私人随便出国，凡出入国境都需要国家的批准。贞观元年（627年）八月，玄奘向政府申请出境，遭到拒绝。但玄奘决心已定，夹在商人中间混出了玉门关，踏上了去往天竺取经的道路。他历经千辛万苦，在一年后终于到达了天竺境内。接下来的三年里，他遍访印度北部的二十多个国家，游历佛学圣地，还学习了梵文。在公元631年的年底，他来到了摩揭陀国的天竺佛教的最高学府——那烂陀寺，玄奘在这里一学就是五年。

　　不知不觉，玄奘已经在天竺学习、游历了近二十年，在佛学方面取得了很高的造诣，名声大震。离家已久的他无比思念家乡，更想把他所学习的知识传达给中国渴望学习佛学的人，便毅然踏上了回长安的路程，并且还带回了657部佛经。回到长安后，唐太宗亲自接见了他，之后还两次提出想授予玄奘官职，但都被玄奘拒绝了，唐太宗非常感动，因此也更加支持他的佛学研究。

　　后来，玄奘在长安城内修建了大雁塔，以更好地保存佛经。此后，玄奘一边宣扬佛学，一边翻译佛学经典，为佛教在中国的传播破除了语言上的障碍，更多的人通过他的译本了解与学习了佛学。玄奘还将他在取经道路上途经之地的所见所闻、风俗人情、历史文化等加以记录，并整理成《大唐西域记》一书，对于当时的人们了解世界具有很大的帮助，也是我们现在研究古代社会的重要史料之一。

玄奘与他的助手们一共翻译了佛经 74 部，1335 卷，共计 1335 万字左右，不仅数目众多，而且质量超前。他身上的那种舍身求法、兢兢业业、不畏艰难的精神不断地激励着后人为梦想而努力，他被鲁迅赞为"民族的脊梁"，被梁启超赞为"千古一人"，我们对待学习也应该有这种精神！

◆ 知识链接

《大唐西域记》的贡献

《大唐西域记》详细记述了玄奘亲身经历的 110 个及听人讲述的 28 个城邦、国家的情况，如风土人情、历史传说等，是研究中古时期中亚、南亚各国的重要资料，也是研究佛教史学、佛教遗迹的珍贵文献。

古代没有书包、行李箱，他们用精致的木箱盛放必备物品，背在身上

◆ 知识链接 ▶

松赞干布多么优秀

松赞干布是西藏历史上被广为称赞的藏王。松赞干布不仅统一了西藏，建立了吐蕃（bō）王朝，还沟通了与内地唐朝的友邦关系，大大推动了汉藏民族之间的交流与发展。

文成公主进藏

在 青藏高原上，屹立着一座雄伟的宫殿——布达拉宫。布达拉宫始建于公元 7 世纪，正是当时的藏王松赞干布为了迎娶从东土大唐远嫁而来的文

松赞干布建立的吐蕃王朝灭亡后，战火也摧毁了布达拉宫的大部分建筑，现在的布达拉宫是后人重建的

在蒙古族和藏族，哈达是一种特殊的丝织品，在社交扮演着礼仪的角色。"哈"的意思是"口"，"达"的意思是"马"，合在一起就是"口上的一匹马"，以形容这件礼物的价值等同于一匹马

成公主而建。文成公主在西行的路上看见湍急的、奔流东去的河水，发出了"天下河水尽向东，惟我一人向西行"的无奈与感叹。文成公主是谁？她为什么要千里迢迢远嫁至西藏？

　　6世纪，吐蕃的势力越来越强大，渐渐成为西藏高原上一个不容小觑的强国。到首领松赞干布为统领时，为人慷慨豪义、有勇有谋的他带领吐蕃四处征战、吞并邻国，让吐蕃成了今天西藏地区唯一的王国。但他的雄心壮志却不仅于此，他将目光投向了当时最为强大的唐王朝。贞观八年（634年），松赞干布第一次派遣使者入唐，为了表示礼尚往来，唐太宗也派遣使者冯德遐回访了吐蕃。冯德遐

松赞干布对文成公主照顾得细致入微

在与松赞干布的交谈之中，谈到突厥、吐谷（yù）浑等部落首领都娶了大唐的公主以示双方和谐之意的事，松赞干布也萌发了想要娶一位唐朝公主来帮他提高吐蕃政治地位的想法，便派了一位使者携带着大量的金银财宝，跟随冯德遐一起回到唐朝，和唐太宗商量和亲的事。

哪知，唐太宗一口回绝了他。唐太宗认为，和亲之事关乎双方在政治上的互信程度，大唐把女儿嫁到突厥、吐谷浑，那是因为对他们有足够的了解与信任，但之前与吐蕃毫无瓜葛与联系，怎么能放心把女儿嫁到那里去呢？使者听闻唐太宗此言，回去之后不知如何禀告藏王，便扯了一个谎，对藏王说："我去大唐后，天子对我很好，差一点就答应了和亲，但由于吐谷浑的可汗来了以后从中挑拨离间，天子又不愿意与我们和亲了。"松赞干布听了以后非常生气，大举出兵吐谷浑，重创吐谷浑。贞观十二年（638年），松赞干布又率领二十万大军，直逼唐朝边境，但他并没有选择直接进攻，而是又派了一名使者再次去求亲。唐太宗没有惧怕，而是派兵迎战，强大的唐朝打败了吐蕃。松赞干布通过这场战争认识到了唐朝强大的实力，愿意俯首称臣，向唐谢罪，与唐重归于好。唐太宗出于避免再次出现战争的考虑，也为其诚意所打动，终于同意了与吐蕃和亲，而和亲的这位公主就是文成公主。

其实，文成公主并不是唐太宗李世民的亲生女儿，而是宗室之女，为了帮助大唐解除困境，

知识链接

吐谷浑的来历

吐谷浑原是古鲜卑族的一脉，生活在辽东。到了西晋，他们跟随首领吐谷浑迁至甘肃、青海，到了他的孙子叶延时，将国号定为吐谷浑。

▼ 唐朝凤首盖贴花白釉皮囊壶

她凛然大义，同意了和亲之事。唐贞观十四年（640年），唐太宗封她为文成公主。贞观十五年（641年），她远嫁西藏为吐蕃赞普松赞干布的王后，带着丰厚的嫁妆，其中还包括一些吐蕃缺少的植物种子和大量关于佛学、史学、医学、文学、立法和工技的书籍，踏上了西行吐蕃的路程。到达吐蕃后，松赞干布为文成公主举行了盛大的迎亲仪式，在之后的生活里，也对文成公主照顾得细致入微，两人相亲相爱，文成公主在西藏度过了她幸福的一生。

文成公主入藏，不仅促进了中原唐王朝与吐蕃的和平交往，也促进了两地的文化交流。她带去的珍贵的种子和大量的书籍，促进了吐蕃地区经济的繁荣，技术的进步，文明的开化。文成公主作为促进中原王朝与少数民族友好交流的巾帼英雄之一，广为后人传颂与敬仰。

知识链接

对文成公主的赞歌

西藏地区长久流传着一首赞美文成公主的歌：

"从汉族地区来的文成公主，带来了各种粮食三千八百种，给吐蕃粮库打下坚实的基础；

"从汉族地区来的文成公主，带来各种手艺的工匠五千五百人，给吐蕃工艺打开了发展的大门；

"从汉族地区来的文成公主，带来了各种牲畜共有五千五百种，使西藏的乳酪酥油从此年年丰收。"

太宗晚年

俗话说："金无足赤，人无完人。"唐太宗到了晚年时期，面对在自己的统治下蒸蒸日上的江山社稷，面对越来越多的人对他的赞赏，开始滋生骄傲和自满的情绪，加上自己深爱的长孙皇后去世的打击，他开始消极怠政，一改之前的艰苦朴素、善于纳谏的优良作风，在生活上变得越来越奢侈颓靡，在统治上也变得越来越专制。

▲ 唐代岳州窑青瓷文吏俑

◆ 知识链接 ◀

晚年昏庸的唐太宗

到了晚年，唐太宗不再励精图治。他相继修了翠微宫、玉华宫、飞山宫、襄城宫、九成宫、大明宫等宫殿，供自己享乐。

唐太宗曾经下令整修隋代宫殿，宫殿修好后，他又觉得这座宫殿太过华丽，像昏君的住处，便下令将宫殿拆毁。

唐太宗还命人重修凤翔府的隋代仁寿宫等五个新宫殿。这些宫殿花费了大量人力物力，但到了641年竣工时，唐太宗非常不喜欢，又下令统统拆毁。

唐太宗寥寥数语，宫殿很快建起来，又很快被夷为平地，所耗费的人力物力财力是无法估量的。

▼ **唐朝麻鞋**

长期以来的发展生产、轻徭薄赋的政策使得唐朝在唐太宗晚年时期变得国力强盛，经济繁荣，于是唐太宗失去了一直鞭策自己不断前进的危机感，变得注重享受。贞观二十年（646年），他为了避暑，在临潼骊山修建了翠微宫，仅仅三个月后，又嫌弃翠微宫太小，修建了玉华宫；他为了自己的雄心伟业，不顾百姓劳苦，频繁发动征伐战争，特别是连续发动的两次对高句丽的战争，劳民伤财，使百姓苦不堪言；他还频繁行幸游猎，纵情玩乐。

此外，晚年时期的唐太宗也不像之前那样直言纳谏，开始自恃才高，刚愎自用。赞赏听多了，唐太宗变得越来越骄傲自满，认为自己功及千秋万代，无人能比。对待指出自己缺点的大臣不仅不能做到虚心纳谏，还经常惩罚他们。慢慢地他越来越不信任大臣，经常对大臣们兴师问罪，搞得人心惶惶。宰相房玄龄临终之时非常忧心地指出，现在已经没有人敢对皇上提建议了，稍有不慎就会惹来杀身之祸。唐太宗曾经最信任的大臣魏征也没能幸免，差点被处斩。唐太宗还要求阅读史官记录皇帝言行的《起居注》和《实录》，打破了历代皇帝不得阅读的先例，破坏了史实记载的公允。

最重要的，也是直接导致唐太宗丢掉生命的就是他非常迷信，追求长生不老而乱吃丹药。贞观二十一年（647年），他中风瘫痪在床，本来只要加以医治就可康复。但他求生心切，不想过早离开尘世，听信吃了道士们炼制的金石丹药便能长生不老的假话。贞观二十三年（649年），因为服下了过多的金石丹药，唐太宗中毒身亡，终年52岁。

　　晚年的唐太宗没能克制住自己的欲望，管制好自己的贪念，一代明君死于迷信与贪婪，令人瞠目结舌，难以置信。回望唐太宗的一生，虽晚年犯下错误，但他终究功大于过，值得我们敬仰与纪念。

▲ 唐朝起居注

　　起居注是古代记录皇帝言行的"日记本"，自汉朝以来，每个皇帝几乎都有起居注。因为起居注仅作为撰修国史的参考材料，一般不外传，所以真正流传下来的非常少。

闯关小测试

➡ 1. 科举考试开始于（　　）

　　A. 魏晋　　　B. 隋朝　　　C. 唐朝

➡ 2. 唐太宗创立的盛世是（　　）

　　A. 开皇之治　　　B. 开元盛世　　　C. 贞观之治

➡ 3. 玄奘取经归来后，在长安城修建了（　　）

　　A. 大雁塔　　　B. 华严寺塔　　　C. 八云塔

参考答案：1.B　2.C　3.A

永徽之治

唐高宗李治（628-683年），是唐朝的第三位皇帝。他在位的三十四年中，政治策略上多沿袭唐太宗李世民的做法，大唐版图也扩至最大，人口持续增长，经济稳定发展，开创了有"贞观遗风"之称的永徽之治。但也由于他生性仁义，才使中国几千年的传统社会在他之后出现了第一位也是唯一的一位女皇帝——武则天。

 ## 太子之争

如果说我们前面所提及的关于王位之争都是蓄意谋划、血雨腥风的，那么唐高宗李治得到王位可能是意料之外、从天而降的。

贞观二年（628年），李治出生了；贞观五年（631年），李治被封为晋王。李治自小就非常聪明伶俐、仁义宽厚，深得太宗喜爱。有一次，唐太宗问李治："你觉得《孝经》中什么最重要呀？"小李治回答说："孝道最重要，小时候要侍奉双亲，长大了要为君王效力。侍奉君主，在朝堂之上要为国效忠，退居田野的时候也要心系君主，指出他的过错，帮助他更好地治理天下。"唐太宗听后十分满意。

按照嫡长子继承制，作为唐太宗第三个嫡子的李治是没有成为太子的机会的。唐太宗在即位之时，就立长子李承乾为太子。李承乾为人机敏，但品行不好，又害了腿疾。于是，李世民对他越来越不满，更加关注四子魏王李泰。李泰仪表堂堂，爱好文学，独有政见，李世民对他也很满意。于是一场没有硝烟的王位之争在李承乾和李泰之间展开，毕竟这关乎王位，关乎天下。随着对抗越来越激烈，李承乾选择铤而走险，实行逼宫，李世民盛怒之下将李承乾贬为庶人，并将李泰囚禁起来。

李世民以极端的手段夺得了王位，深知争夺王位之害，他不想看到自己的儿子们争得你死我活，头破血流。李治的仁义宽厚、与世无争让他很是欣赏，加上朝中大臣如长孙无忌、房玄龄的推荐与支持，唐太宗便立李治为太子。贞观二十三年（649年），唐太宗逝世后，李治登上了皇位。第二年，改元永徽。

长孙无忌对唐高宗李治的政途起到了至关重要的作用。长孙无忌是李治的母亲长孙皇后的哥哥，也就是李治的舅舅。李世民虽欲立李治为太子，但心里并不是笃定的。贞观十七年（643年）的一天，太宗在朝会后，留下长孙无忌、房玄龄等几位大臣和晋王李治一同商议政事。唐太宗对他们说："我想立晋王李治为太子。"长孙无忌心里也是非常支持李治的，见皇上这样说，就大胆放心地说："臣

▲ 唐高宗李治

李治是唐朝第三位皇帝，李治在位34年，于弘道元年（683年）驾崩，年55岁。

◆ 知识链接

不言君过的长孙无忌

唐太宗对侍臣说："大臣都喜欢顺从我的旨意，敢于犯颜进言的非常少，现在朕想让大家说说我的过失，你们都别隐瞒。"长孙无忌说："陛下没有过失啊。"

后来，唐太宗又对长孙无忌说："人苦于不能自知，希望你指出我的缺点。"长孙无忌说道："陛下文武双全，我们听命都来不及，哪能看出什么过失啊！"

遵旨，谁要是敢反抗，我就请旨将其斩首。"唐太宗还是有点不放心，又说："你们和我想的一样，但是不知道外面的人会怎么议论。"长孙无忌回答说："晋王李治仁义宽厚，天下人都心倾于他很久了。陛下不相信的话可以召集百官一起问一问，看是不是这样。如果有官员不认同晋王李治，那就是我骗了陛下，该罪当万死。"唐太宗这才将一颗心放到肚子里。唐太宗死后，长孙无忌作为李治的得力助手，鞠躬尽瘁地帮助他打理国家，成就帝王之业。

废王立武

提到唐高宗李治，我们就会想到一代女帝武则天。李治废王立武，不仅是与武则天的动人爱情故事的体现，更是确立王权、排除异己的一个策略。

贞观十一年（637年），年仅十四岁的武氏入宫，成为唐太宗的才人（宫中女官名），唐太宗驾崩后，武才人按照规制，和宫中没有为唐太宗诞下子嗣的宫人一起被派往感业寺当尼姑。在唐太宗病重的时候，曾经在寝殿旁置一偏殿，供太子李治居住，李治也是在此时与侍奉唐太宗的武氏相识相恋。武氏去感业寺后，偶然与唐高宗李治相遇，两人感怀而泣，共叙旧情。

高宗李治当时已经有了自己的正室皇后——王皇后，两人感情很好，但是王皇后并没有生育能力，李治渐渐对萧淑妃宠爱有加。王皇后为了打击萧淑妃的势力，听闻李治与武才人惺惺相惜之事后，想以武才人为棋子，安插在李治身边，增强自己的势力。于是，王皇后让武才人蓄起长发，并力劝高宗将武氏纳入宫中。武氏得以顺利入宫，摆脱了在寺庙孤独终老的命运，为了报答王皇后的救命之恩，武氏对王皇后言听计从，百依百顺，凭借自己的绝色美貌、聪明才智倍得高宗的宠爱，很快又被封为昭仪。王皇后打击萧淑妃的目的达到后，越来越受高宗喜爱的武昭仪又让她心神不宁，变成了威胁王皇后地

▲ 唐代银执壶

位的另一颗定时炸弹，于是，她将自己的炮口对准了自己曾经的棋子——武昭仪。

武氏发觉了王皇后的灭己之心，深知不能坐以待毙，必须自己取得后位才能保全自身。永徽五年（654年），武氏为高宗李治生下了一个女儿，她利用了这个女儿的死（一说是武氏亲手掐死了自己的女儿，一说是此女婴生下不久就没了气息）嫁祸给王皇后，李治闻之，盛怒之下便已起了废后之心。永徽六年（655年）六月，武氏又诬陷王皇后和她的母亲魏国夫人用巫术伤害自己，李治下诏命王皇后的母亲魏国夫人不得踏入宫中半步，王皇后的舅舅柳奭（shì）也被贬。永徽六年（655年）十月，高宗又下诏，称王皇后、萧淑妃"谋行鸩毒"，将二人贬为庶人，一周之后，下诏立武氏为后。

改立太子之事非同小可，废后立后也是一件大事。高宗欲想废后，朝中更是议论纷纷，呼声一片。阵营分为两派，一派是如长孙无忌、褚遂良等受唐太宗所托，尽心尽力帮助李治治理国家的前朝元老；一派是如李义府、许敬宗等由高宗提拔行事的新的政治集团。前朝元老们认为王皇后家世显赫、贤良淑德，未犯大错便废后，不合礼法，再者武氏出身贫微，又是前朝的妃子，更不能立为皇后；而李义府等人站在武氏的这一边，劝高宗遵从本心，勿受他人限制。高宗李治由于一直处在前朝元老们的压制下，也希望能通过此事打击顾命大臣的权力，培养自己的政治集团，加强自己的地位，于是铁了心要废王立武，建立自己的威信。

◆ 知识链接

妙语连珠的褚遂良

唐高宗李治想册封武则天为皇后，大臣们大多提出反对意见，其中以褚遂良、长孙无忌、徐世绩等为代表。

长孙无忌觉得此时劝谏凶多吉少，因为李治决心已下，这个时候谁去阻挡他，无异于去送死。为了保护大家，长孙无忌决定自己先去劝谏。这时，褚遂良拦住他说："你是国舅，如果事情不顺利，就会让皇上背上一个向舅舅发怒的名声，这不好！"

李绩说："请让我李绩先进去吧！"

褚遂良说："李司空是国家的重臣，一旦事情办不成，就会让皇上背上一个治罪大臣的坏名声，这样就不好了。我褚遂良出自布衣，没有什么功勋，只是承蒙太宗恩宠，才有了今天，今天正是我报答太宗往日之恩的时候，倘若我不先去，那我何以面对先帝的在天之灵啊！"

因此，褚遂良便首先对皇帝劝谏。结果，他妙语连珠，居然暂时说服了高宗，册封皇后之事也就暂时被搁置不提了。

　　血气方刚的唐高宗李治不愿再成为前朝元老们左右压制下的傀儡，希望能掌握自己在政治上的主动权，建立自己的威信，在自己的领地大展拳脚，废王立武是他熊熊野心的一个信号。但遗憾的是，由于身体的原因和武氏的强势，他并没有碰击出灿烂的火花。

竹帘是用竹子做的帘子，常用在门口或窗户上，古朴典雅

二圣临朝

◆ 知识链接

武则天驯马

武则天在晚年时，曾回忆起为唐太宗驯马的事。

当时，唐太宗有匹很难驯服的良马，很多人都没有办法。武则天站在旁边，对唐太宗说："妾能驯服这匹马，但是需要三件东西，一是铁鞭，二是铁锤，三是匕首。如果铁鞭不能将它屈服，我就用铁锤砸它的头，如果还不服，我就用匕首割断它的喉咙。"唐太宗听后，对武则天十分赞叹。

▼ 唐代八花枝纹葵花镜

显庆五年（660年），高宗李治的身体每况愈下，处理政事已经心有余而力不足，深得皇上信任的武后才有机会插手政事。

但武后野心过重，监视高宗，渐渐地也引起了唐高宗的不满，便又有了废后的念头。当时有个叫敦行真的道士，经常进出皇宫之中，施行害人的巫蛊之术，被太监王伏胜揭发，唐高宗大怒，召上官仪前来商议此事。上官仪趁机进言说："皇后肆意专权，大家都对她很不满，希望皇上能废黜她。"唐高宗也深以为然，立即命令上官仪起草废后的诏令。受到监视的唐高宗此举自然瞒不过武后，武后赶紧来找唐高宗，推心置腹地共叙过往，对他说："皇上，您是一个好皇帝，我们的感情这么深，您怎么会想废掉我呢，只不过是听上官仪那小人之言罢了，为了避免朝中这样的小人再对您提出不正确的建议，以后，我就陪您一起上朝吧，共商国家大事，您觉得怎么样呢？"高宗性格软弱，又与武氏感情至深，听闻此言，不仅打消了废后的念头，心里还充满了对她的愧疚之情，稀里糊涂地就同意了武后与其一起上朝的请求。而武后也因此对上官仪心生怨恨，借口将其逮捕入狱，后处以死刑，抄家没财，还将许多与上官仪交情甚好的官员都贬谪流放。从此以后，高宗每次上朝，武后都在旁边垂帘听政，政事无论大小，都由两人共同决定，朝野内外对于这种情况恭称为"二圣临朝"。后来，唐高宗在武后的建议下，开始使用天皇的称号，自称为"天皇"，称武后为"天后"。

永淳二年（683 年），五十六岁的唐高宗驾崩在贞观殿内。他留下了这样的遗言："我去世的前七天装在灵柩内，皇太子在灵柩前即皇帝位。修建陵墓，要力图节俭。天下军事政事，如有不能决断的，都交给天后来处理。"在弥留人世之际，唐高宗仍然勤于政事，勿忘节俭，而且依然非常信任武后。

唐高宗在位三十五年，是唐朝在位时间较长的皇帝之一，国家的内政外交都处于稳步前进的状态，可谓是一位"守成"之君。

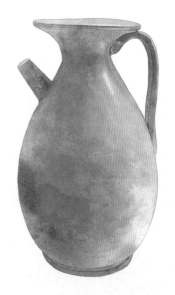

▲ 唐代越窑青釉执壶

闯关小测试

1. 李世民和大臣商量后，最终确定谁为太子？（ ）

 A. 李承乾　　B. 李泰　　C. 李治

2. 武则天刚回宫时，最受李治宠幸的是（ ）

 A. 王皇后　　B. 萧淑妃　　C. 武则天

3. 向李治建议罢黜皇后的官员是（ ）

 A. 长孙无忌　　B. 褚遂良　　C. 上官仪

参考答案：1. C　2. B　3. C

一代女帝

相信在看了"永徽之治"这一段历史后，你已经对一代女帝武则天有了一些了解，并对她传奇的一生产生了浓厚的兴趣。在当时那样一个等级制度森严的父权社会中，武则天冲破重重阻碍，登上了权力的制高点，不得不称之为传奇。在她的统治时期，天下大治，国家富裕，一派祥和。

数易太子

 作为皇帝的接班人的太子，一直都是一个烫手的山芋，充满了荣光，也潜伏着危机。从唐高宗李治在位之时到他去世后武后掌权的这段时间，大唐王朝曾经数易太子。数易太子不是选贤任能，不是更好地为江山社稷谋划，而是武则天为了满足自己摄政的野心所布下的天罗地网。

唐高宗李治在位时，武则天有四个儿子，分别是长子李弘、次子李贤、三子李显和四子李旦。之前的太子李忠是王皇后的养子，废王立武之后，让李忠继续坐着太子之位未免显得太不合时宜，于是李治顺带也废掉了李忠的太子之位，在武则天的儿子中挑选太子。第一个被封为太子的是长子李弘。李弘仁义宽厚，饱览诗书，品行良好，高宗很喜欢他，大臣们也很满意。但是李弘因同情萧淑妃之女被武后囚禁且不得婚嫁，上奏高宗希望能将萧淑妃的女儿予以婚嫁。看到自己的儿子为自己的敌人求情，武后一气之下将萧淑妃的两位女儿下嫁给两位卫士，以示惩戒。但这远远不够，公元675年的五月，李弘在跟随高宗李治、母后武则天一起去往洛阳的时候，突然离奇死于洛阳的行宫之中。太子的离奇死亡充满悬疑，到底为何而死我们不得而知，后人也多认为是被武氏所谋害。

第二位太子就是武则天的次子李贤。李贤同样是一位很优秀的太子，颇有天分，聪明好学，个性鲜明，也深得高宗的喜爱。高宗也为培养他的政治才能颇费苦心，选用一些德才兼备、老成稳重、忠心耿耿的大臣来辅佐与教导李贤。武则天最初也对太子李贤颇为满意，有意好好培养，以助他登上帝位。但是李贤是个个性鲜明、要强的人，一直对武后心存逆反，加上听到宫中关于武则天杀死了自己的哥哥李弘的传言，对武后更为不满，也更加担心自己有一天也会惨遭其毒手，于是招贤纳士，在朝中发展自己的党羽。武则天看在眼里，气在心里，耍用心计，将太子李贤贬为庶人，后来又派人残忍地迫其自杀。

第三位太子是三子李显。李显与他的两个哥哥比就逊色许多，为人庸弱无能，易被控制，所以能

▲ 唐代彩色釉陶罐

顺利即位。弘道元年（683年），唐高宗李治驾崩，李显即位，尊武则天为皇太后。但是他即位后仅仅不到两个月，就因为想提拔自己的皇后（韦皇后）的娘家人，以摆脱受武则天控制的局面，惹怒了武则天，被武则天废为庐陵王，贬出长安。

于是，武则天又立自己的四子李旦即皇位，是为唐睿宗，但武则天将其软禁宫中，命其不得参与政事，自己主持政事。天授元年（690年），时机正好，此时已经67岁的武则天自己登上了皇位，自称为"圣神皇帝"，建立大周王朝，史称"武周政权"。

武则天是我国唯一的正统女皇帝，后人将她和汉朝的吕后合称为"吕武"

武则天的四个儿子都荣登太子之位，都曾与皇位擦肩而过，或短暂相逢。最后要么身首异处，要么贬为庶人，不得善终，终究是武则天谋政之路上的棋子罢了。"顺我者昌，逆我者亡"，武则天正是以此为信条，仿佛一切的母慈子爱、母子情深在权力面前都烟消云散了。

狄仁杰

狄仁杰，字怀英，并州太原（今山西太原）人。唐高宗仪凤元年（676年），狄仁杰被任命为大理寺丞，相当于当时最高法院的大法官。他一年之中处理了一万七千多个犯人，但无一人喊冤，因此名声大噪。

有一次，武卫大将军权善才、右监门中郎将范怀义两人不小心把唐太宗坟墓旁的一颗柏树砍掉了，高宗李治非常生气，要把他们处死，交给狄仁杰法办。但是狄仁杰认为处罚得太重了，唐高宗对狄仁杰说："不杀权善才，就对不起孝道，就对不起死去的父皇。"狄仁杰没有顶撞高宗，也没有畏惧，他对高宗说："我听说忤逆君主的意思，自古以来都被人们认为是一件很难的事情，但是我却不这么认为。如果碰到夏桀、商纣那样的君王，确实很难，但如果是在尧舜那样的盛世，就很简单了。很幸运，我现在面对的就是像尧舜那样的明君，有什么难的呢？"高宗听了，

▲ 狄仁杰

　　龙颜大悦。狄仁杰接着说："今日之事，因为误砍了一棵树，就杀掉两个臣子，后世怎么称您是一个明君呢？"高宗先被给了个甜枣，又被打了一棒，为了顾及自己"明君"的面子，他接受了狄仁杰的意见。狄仁杰的智慧由此可见。

　　后来狄仁杰因为得罪宫中小人而被贬职，天授二年（691 年），武则天以其有才又将其重新召入宫中，授以宰相的官位。武则天问他："当年有人在朕的面前说你的不是，你想知道是谁吗？"

狄仁杰回答说："陛下如果认为我有错，我就改正；陛下若是经过调查后觉得我没错，是我的万幸。我不知道是谁说我的不是，但我也不想知道他的名字，仍与他是好朋友。"武则天听了此话后对狄仁杰大为赞赏，但是生性多疑的武则天并没有给他十足的信任。

没过多久，狄仁杰又被人诬陷谋反而深陷大牢。狄仁杰知道如果不承认就会被严刑逼供至死，于是一口承认了自己的谋反罪行，在等待被斩首的日子里，他假称要写遗书，用狱卒拿来的纸砚在被褥上写了一封伸冤的诉状，然后让狱卒帮忙将被褥拿给家人拆洗。他的儿子见到诉状后，立刻呈到武则天面前，武则天知道了狄仁杰的冤屈，将其释放，后来又再次拜为宰相。

狄仁杰不仅心系天下，为民服务，而且不忘恢复李唐，力促武周还政于唐。武则天晚年，一直为到底是立自己的儿子为太子还是立侄子为太子的问题而烦忧。

狄仁杰对武则天说："太宗九死一生才打下这江山，高宗将李显、李旦几个儿子托付于您，如今陛下想把皇位传给不姓李的人，怕是违背了天意啊。况且，姑侄关系和母子关系，谁轻谁重，一看便知。如果陛下将皇位传于儿子，儿子定将陛下归于太庙之中，香火不断，如果将皇位传给侄子，到时候侄子会把姑妈纳入太庙之中吗？"

武则天认为有道理，再三思忖后，选择将李显迎回，立为太子。狄仁杰对李唐的复辟功不可没。

▲ 黑釉白线勾花长瓶

鹦鹉以其美丽的羽毛，善学人语技能的特点，被人们所欣赏和钟爱

无字碑

神龙二年（706年）五月，武则天驾崩，与唐高宗一起合葬于乾陵。乾陵位于今陕西省咸阳市，是我国历代帝王陵园之中唯一的一处夫妇两帝合葬墓，在武则天的亲自规划之下修建，花费二十二年之久才建成。陵前并立着两块巨大的石碑，西面的一块叫"述圣记碑"，是武则天为高宗歌功颂德而立的石碑，还亲自撰写了碑文。东面就是武则天的无字碑。

无字碑的碑上并无一字，不禁令人感到奇怪。关于其中的原因，主要有三种猜想。一，认为武则天自认为功德无量，政绩斐然，千古第一女帝，是一个杰出的女政治家，一块小小的碑刻怎么能描绘出她的功绩呢？二，武则天知道自己破坏礼制，干预朝政，滥杀无辜，屠戮无数，罪孽深重，不可饶恕，无功可记，无德可载，男权封建社会也不会认同自己的所作所为，所以干脆不给自己留下任何评价，"己之功过，留待后人评说"。三，武则天死后，登上皇位的唐中宗李显不知道应如何给她刻碑，到底是刻皇帝还是皇后，暂且不论。李显自己对武则天也颇为不满，母亲手段毒辣，杀死自己的手足兄弟，对自己不仁不义，让自己日日在担惊受怕之中度过，如今终于登上皇位，对母亲大言不惭的行为不能书写，但也实在写不出对其歌功颂德的碑文，所以一

▲ 唐代双螭钮钟

字不留。

无论是出于何种原因，我们都可以看到这其实都是关乎后世对武则天的评价问题，她以女子身份登上帝位，以种种不光彩的手段消灭异己，巩固统治，不管是对至亲还是对大臣都心狠手辣，不念旧情。但同时在她的统治之下，大开科举，破格取士；奖励耕织，发展经济；知人善任，使得经济发展，社会稳定。她统治期间，只乱在朝中，而未殃及天下，被后世赞誉为"政启开元，治宏贞观"，这究竟是功大于过？还是过大于功？

◆ 知识链接

三块无字碑

古往今来，为了博取后人对自己的称赞，许多人拼命在自己墓碑上歌功颂德。然而在历史上却有三块无字碑，恰恰因为无字，而令人格外关注。

第一块在陕西，是我国唯一一位女皇帝武则天的。

第二块在南京，是南宋权臣、卖国贼秦桧的。

第三块也在南京，是孙中山先生的。

闯关小测试

➡ 1. 武则天共四个儿子，其中有几个儿子当过太子？（ ）

    A. 两个　　B. 三个　　C. 四个

➡ 2. 狄仁杰说服武则天把皇位传给（ ）

    A. 李显　　B. 李旦　　C. 武三思

➡ 3. 中国历史上有几位女皇帝？（ ）

    A. 一位　　B. 两位　　C. 没有

参考答案：1.C　2.A　3.A

中宗睿宗

神龙元年（705 年），已经 82 岁的武则天疾病缠身，再也没有精力去处理政事，因而对朝廷的控制能力下降，宰相张柬之等人趁机发动政变，逼武则天退位，迎当时的太子李显即皇位，是为唐中宗。唐中宗在位五年多的时间就被人毒死，唐睿宗李旦即位。从中宗李显即位到睿宗李旦禅位给玄宗李隆基的这段时间内，政局混乱，是为迈向唐玄宗开元盛世的过渡时期。

命苦中宗

唐中宗李显（656—710 年）是唐高宗李治与武则天的第三个儿子。他生性胆小怕事，懦弱无能。他的母亲武则天正是在怀着他的时候残忍地杀害了王皇后与萧淑妃，时常能梦见二人披头散发、浑身是血的惨状，被吓得不轻。唐中宗一生的悲剧从武则天怀上他的时候就开始了。

身为皇子，他并没有得到养尊处优，万人敬仰的生活，反而目睹着自己的手足至亲先后被母亲残

◆ 知识链接 ◆

唐中宗爱打马球

早年颠沛流离的苦日子，让李显更加懂得珍惜眼前的平稳日子。他对家人很好，也懂得善待自己，所以他发明了马球。这种球很像现代的足球，既能在平地上用脚踢打，也可以骑在马背上用球杆击打，很有观赏性。打马球是唐中宗最喜欢的运动项目。

忍杀害。自己的母亲为何不像别人的母亲一样温柔慈爱？这样的武则天给他的心灵留下了致命的伤害。两个哥哥先后死去，他被立为太子，日日忧心何日自己会重蹈哥哥们的覆辙，死于母亲手中。当了皇帝后，他想要挑战母亲的权威，树立自己的政治威信，却被贬为庐陵王。他很多次想自杀，幸亏他的妻子，也就是后来的韦后及时劝阻，详加劝导。李显在外苟且偷生，被人谩骂，不料命运又出现了转折，自己又被立为太子，武则天去世后，李显又被大臣们拥立为皇帝。

　　这是李显第二次当皇帝了，但好像也没有积攒很丰富的治国经验。此时没有了母亲武则天的控制，但他还是没能获得成就帝国伟业的机会与能力。因为他有

韦后劝阻了李显的轻生
念头，令李显感恩戴德

古代很多太子因
被皇帝猜忌，被
迫选择自杀

一个皇后韦氏。武则天这样的千古传奇可谓是给后宫的妃子们做了一个榜样，都想效仿她的干政行为，韦皇后就是其中一个。中宗的庸碌使得韦皇后有了干预朝政的机会，并也乐于插手政事。中宗每次临朝之时，韦后同样垂帘听政，在朝中，韦后还发展势力，形成了一个以她为首的韦武集团。韦武集团的核心成员是武三思和上官婉儿。

武三思是武则天的侄子，性格跋扈，善于阿谀奉承，中宗即位后对他网开一面，还授予他丞相的官职，让他领导武氏残余力量。上官婉儿是被武则天所杀的上官仪的孙女，异常聪慧，精通政道，被武则天免罪，掌管诏命。中宗即位后，她选择投靠韦后，为其出谋划策。此外，还有中宗非常宠爱的女儿——安乐公主，也是将中宗推向坟墓的核心人员。

韦武集团主要对付的是中宗即位之初设立的五王——张柬之、崔玄暐（wěi）、敬晖、桓彦范和袁恕己，他们为逼退武则天、迎中宗即位立下了汗马功劳，也自然不想再看到第二个武则天出现，所以竭力劝诫中宗阻止韦后干政。韦后等人诬陷五王图谋不轨，将他们全都流放岭南，再将其一一迫害致死。

五王死后，韦后等人又集中精力对付太子李重俊。李重俊并非韦后所生，韦后一直想除之而后快。李重俊只得先发制人，发动政变，但韦氏利用中宗出动兵力打败了李重俊。李重俊败亡后，被部下杀死。

唐中宗面对这种情况，虽然嘴上不说，但心里很不痛快。韦后察觉之后，索性下药毒死了唐中宗。

● 知识链接

什么是"垂帘听政"

"垂帘听政"在我国开始的时间，大约在遥远的战国时期。

战国时期，如果国君去世，而继任国君年龄太小，就可以由国君的母亲辅政。然而根据宫廷的制度，官员不能直接观看和接触太后，为此，辅政的太后便坐在国君理政厅堂侧面的房间里，并在房间和厅堂之间挂一个帘子，听官员谈论朝政。因此，这种让母亲辅政的制度，就被后人称为"垂帘听政"。不过，垂帘听政作为专门的制度，直到唐朝武则天时期才被确立。

▼ 唐代黄釉露胎单柄大口壶

傀儡睿宗

◆ **知识链接**

唐睿宗抱子痛哭

政变前，李隆基并没有把兵变计划告诉李旦。他对刘幽求、葛福顺等人道："此番举事是为了挽救大唐社稷，事成福祉自当归于相王。万一事败，我们以身殉国便是，何必连累相王。现在将计划告知相王，他若赞成，就是让他也参与这种危险的行动，若不赞成，必会坏了大事。"

政变成功后，李隆基请李旦入宫稳定局势，并叩头请罪。李旦抱着李隆基，哭道："社稷宗庙不坠于地，全都是你的功劳啊。"

唐睿宗是高宗与武则天的第四个儿子。和他的哥哥李显一样，面对成长环境的复杂与朝不保夕的担忧，他也养成了一副胸无大志、碌碌无为的性格，只读书练字，日日消磨时光。

武则天将中宗贬为庐陵王后，睿宗便接替了哥哥中宗的位置，第一次登上了皇帝的宝座。但是身在其位，却毫无实权，他完全沦为母亲的傀儡，武则天临朝称制，天下也基本没他的什么事。这样的傀儡一当当了六年，武则天称帝后，又把他降为皇嗣。神龙元年，李旦参加了李显等逼退武则天的政变，因其有功，被封为"安国相王"。当了"安国相王"，也不代表日子以后就太平了。韦后集团一直将李旦和他的妹妹太平公主视为眼中钉肉中刺，在策划将其谋害之时，李旦的儿子李隆基捷足先登，发动政变，率领羽林军，处死了韦氏、安乐公主和上官婉儿等人，灭其党羽，扶自己的父亲李旦重新即位。这也是李旦第二次登上皇帝的宝座。

但是李旦并没有治国理政之才，这天下是儿子和妹妹太平公主帮他争来的，自然也要分他们俩一部分。李隆基与太平公主联手灭掉韦氏之后，从利益的共同者走向了利益的对立面，为各自的将来争权夺利。同时，睿宗李旦也起用一

▼ 唐朝彩釉斑鸠形壶

批旧臣，形成自己的统治集团。于是，朝中形成了唐睿宗、李隆基、太平公主三方对峙的局面。

一直夹在中间的睿宗不堪忍受这样的压力，又深知自己的势力抵不过他们，延和元年（712年），睿宗决定禅位于太子李隆基，自己成为太上皇。同年，李隆基即位，是为唐玄宗。

太平公主心里十分不服气，妄图发动政变，废掉玄宗。玄宗先发制人，平定乱党。太平公主逃往深山之中，躲藏了整整三日。三日后下山，请求玄宗能放她一马，太上皇李旦也出面替太平公主求情，但玄宗毫不心慈手软，将其赐死，同时诛杀了她的儿子、党羽等数十人。太上皇也下令将政权悉归玄宗，唐玄宗正式成为了大唐的下一任天子。

知识链接

古代的太上皇

太上皇，也称太上皇帝，是给予退位皇帝或者当朝皇帝在世父亲的称呼，也常常用来称呼已经禅位的皇帝。

秦始皇嬴政的父亲秦庄襄王嬴楚，是中国历史上第一位太上皇；汉高帝刘邦的父亲刘太公是第二位太上皇，他也是中国历史上唯一一位没有当过皇帝的太上皇。

另外，当过太上皇的还有唐朝的唐高祖李渊、宋朝的宋徽宗赵佶等。清朝的乾隆帝是最后一位太上皇。

闯关小测试

1. 李显和李旦，谁曾经两度当皇帝？（　）

　　A. 李显　　　B. 李旦　　　C. 全部都是

2. 下面三位皇帝中，是谁将皇位禅让给自己的儿子？（　）

　　A. 李治　　　B. 李显　　　C. 李旦

3. 妄图发动政变，废掉唐玄宗的是（　）

　　A. 安乐公主　　　B. 太平公主　　　C. 李旦

参考答案：1. C　2. C　3. B

盛唐万象

唐玄宗（685—762 年），也就是我们经常称道的"唐明皇"，是李唐王朝中在位最长的一位皇帝，在位时间长达 45 年，在他的统治下唐朝达到了极盛时期，政通人和，文化发达，被后世称为"开元盛世"。但是，同样在他的统治之下，以安史之乱为界，唐朝开始走上下坡路，日益衰落。

 ## 开元盛世

唐 玄宗李隆基是唐睿宗的第三个儿子，睿宗禅位于他以后，唐朝在玄宗的统治下，"贞观之风，一朝复振"，创造了新的辉煌，达到了历史的巅峰。这样的历史功绩自然脱离不了高祖、太宗等人奠定下来的基业，但更重要的是唐玄宗李隆基的治世之才与济世精神。玄宗统治时期取得了许多成就。

首先是国家人口的大幅增长。在自然经济时代，农业人口的数量象征着一个国家的繁荣程度，一个国家的人口数量越多，代表着劳动力越多，生产力

▲ 唐玄宗李隆基

越强。大唐开国之时，人口仅有二百余万户，贞观初年仍不满三百万户，到永徽初年增长到三百八十万户，中宗、睿宗时期增长到六百余万户，而开元十四年（726年）人口就达到了七百余万户，开元二十八年（740年）更是增长到了八百四十余万户。这是为什么呢？主要是因为唐玄宗实施了以下政策："括户"政策，轻徭薄赋，户口数量与官吏的赏罚相挂钩等。

然后是农业经济的迅速发展。随着人口的大幅增加，唐玄宗鼓励开田垦荒，兴修水利，并采取轻徭薄赋的政策，带来了农业经济的迅速发展，粮食日益充裕，百姓安居乐业，国家的财政收入也日渐充盈。

同时，手工业和商业也得到了发展。物质需要得到满足后，人民有更多的精力和机会去从事农业以外的行业，促进了商品的流通和商业的繁荣。当时的手工业如纺织、造船、陶器、银器、木器、制茶等行业，技艺精湛，巧夺天工。如举世闻名、光彩绚丽的"唐三彩"，就是在这一时期达到了发展的高峰。唐三彩是一种低温釉陶器，颜色众多但以黄、褐、绿为主，所以被称为"唐三彩"，它色彩鲜明浓烈，图案丰富生趣，具有很高的观赏价值。

这一时期更值得一提的是文化上的成就。无论是在诗歌、绘画、书法领域，还是在音乐歌舞等方面，都出现了一大批优秀的人才和流传千古的作品。诗歌方面，我们从小就开始吟诵的唐诗在这一时期达到了巅峰，"诗仙"李白、"诗圣"杜甫、孟浩然、王昌龄、岑参、高适、贺知章等都是活跃在这一时期文坛上的大家；绘画方面，"画圣"吴道子、王维、张萱等均出于此；书法领域，"草圣"张旭、僧人怀素、"颜体"颜真卿也为人们所熟知；音乐歌舞方面的《霓裳羽衣曲》就是玄宗本人亲自谱写的；在科技方面，有一个叫僧一行的人，编成了《大衍历》，第一个发现了恒星移动的现象，第一次实测了子午线的长度，在科学研究上成就卓越。

◀ **唐三彩骆驼**

唐三彩闻名世界，是唐代陶器中的精华，初唐盛唐时达到高峰。安史之乱后，瓷器发展迅猛，唐三彩渐渐衰落。唐朝灭亡以后，相继产生了"辽三彩""金三彩"，但在数量、质量和艺术性方面，都不如唐三彩。

唐代诗人杜甫有一首叫作《忆昔》的诗，诗中这样写道："忆昔开元全盛日，小邑犹藏万家室。稻米流脂粟米白，公私仓廪俱丰实。九州道路无豺虎，远行不劳吉日出。齐纨鲁缟车班班，男耕女桑不相失。"意思就是说开元全盛时期，连小县城都有上万户的人家，农业连年丰收，人民生活富裕，天下太平，商业与交通也非常发达。伟大的盛唐当时的气派从中可知一二了。

姚崇宋璟

宰相好比皇上的左右手，宰相的能力与品格很大程度上关乎社稷的稳定与百姓的幸福，有一个贤明的君主是万万不够的，唐玄宗就是有了姚崇、宋璟两位宰相的辅佐，才开辟了大唐盛世。

姚崇（651—721年），本名元崇，又名元之。光是他的这个名字就换了好几次。武周时期正值突厥的叱利元崇内侵，武则天听到元崇这个名字就觉得心烦，让姚元崇改名姚元之。唐玄宗李隆基改年号为"开元"后，他的名字中的"元"字也不能叫了，索性就改名姚崇。唐玄宗成为皇帝的时候，姚崇都已经六十多岁了，之前已经有过两次当宰相的经历，分别给武则天和睿宗李旦当过宰相，唐玄宗非常看好他的才能，希望他能来辅佐自己。姚崇向玄宗提出十点要求，分别是：一，实行仁政，废除严刑峻

▲ 泣辞旧主的姚崇

武则天被逼退位后，移居上阳宫，姚崇哭泣不止。张柬之说："今天难道是该哭泣的日子吗？恐怕您从此要大祸临头了。"姚崇道："我长期侍奉则天皇帝，现在突然辞别，悲痛难忍。我随你们诛除凶逆，是尽臣子本分，今日泣辞旧主，也是人臣应有的节操，就算因此获罪，我也心甘情愿。"

法；二，息兵休战，不求边功；三，公平执法；四，宦官不得干政；五，拒绝租赋外的贡献；六，外戚不能担任宰相或高官；七，善待大臣；八，允许群臣直接进谏；九，停止一切道观佛寺的建设；十，外戚不得干政。玄宗一一答应了。

姚崇胸有大志，担任宰相后，已经花甲之年的他希望能用自己毕生所学成就一番事业，事实上他经验丰富，做事熟练，将政事处理得井井有条，唐玄宗也是一个极具管理智慧的领导者，二人配合得天衣无缝。有一次，姚崇拿着一份关于中下级官员调任的名单来找唐玄宗汇报，他对唐玄宗重复了三遍："陛下，这是一份关于中下级官员的调任名单，请您过目。"但不管姚崇怎么说，唐玄宗都不理他。姚崇吓得冷汗直流，不知道自己做错了什么，行了礼，赶紧退了出去。这时李隆基身边的宦官高力士问他："陛下，刚才姚崇向您请示，您应该亲自给他做出指示，不理他怕不是虚心纳谏的表现。"李隆基回答说："我用他做宰相，是来处理国家大事的，这种任命下级官员的小事情他还做不了主吗？还用得着来问我？"高力士把唐玄宗的回答一字不漏地告诉了姚崇。姚崇心里分外感激，因为唐玄宗给予了他十足的信任，他做事也就更加尽心尽责了。

在姚崇的带领下，朝廷首先查处全国的假和尚、假尼姑，勒令还俗，编入户籍，投入生产；接着灭皇亲国戚的威风，有罪者概不纵容；还强调国家的律法、制度等没有特权存在，人人在制度面前一律平等。真正让姚崇青史留名的，其实是他在处理蝗

▼ 暗花南瓜纹白釉小口长瓶

灾问题上的成就。

开元四年（716年），山东地区发生了很严重的蝗灾。古代科学不发达，一切天灾人祸都被冠上迷信的色彩，人们认为蝗灾是上天对人类的发怒与警示，当地的老百姓只知道设庙朝拜，不敢捕杀蝗虫，任由蝗虫在田间任意糟蹋粮食。而姚崇保持了清醒与理智，提出要朝廷派出捕蝗使，督促各地消灭蝗虫，保护庄稼。但他的这一提议竟然遭到了很多官员的否定，连唐玄宗也不知道该怎么办才好。唐玄宗身边的卢怀慎说："蝗虫是天灾，只靠人的力量怎么能应付得了呢？大肆捕杀蝗虫，怕是要伤了天地的和气。"姚崇据理力争，回答他说："当初楚庄王吞蚂蟥却治好了自己的病，孙叔敖杀双头蛇却给自己带来了福报，现在蝗灾泛滥，不忍心杀蝗虫，就忍心看老百姓们没有粮食活活饿死吗？灭蝗救人，如果老天要生气惩罚，降下祸端，我姚崇独自承担，不会将责任推诿给你！"卢怀慎哑口无言。结果，在姚崇的指挥下，山东的蝗灾得到控制，也没有造成饥荒。因为姚崇的理智与坚持，山东的老百姓们才得以免遭苦难。

水有涨有伏，人有起有落，姚崇也没能风风光光地在宰相的位置度过自己生命的最后几年。因为玄宗的不信任，开元四年（716年），姚崇被免去所有官职，开元九年（721年），姚崇与世长辞。接替他位置的人是宋璟。

宋璟（663—737年）同样在武则天时期就得到了重用。开元年间，宋璟官至御史大夫，本来官运

▲ 阳春有脚的宋璟

唐中宗时期，宋璟担任谏议大夫。过了不久，他因直言惹恼了中宗，被贬为刺史。由于宋璟廉洁奉公，竭尽全力为百姓做好事，当地民风很快变得淳朴起来，邻里关系非常融洽。

后来，宋璟到广州担任都督，此地原用茅竹作为材料盖房子，时常发生大火。宋璟教人们用砖瓦盖房，大大减少了火灾。

人们因此赞美宋璟就像长了脚的春天，无论走到哪里，都能把光明和温暖带到那里。

◆ 知识链接

"伴食宰相"卢怀慎

唐朝开元年间，卢怀慎与姚崇一并拜相。卢怀慎认为自己各方面不如姚崇，每当遇到大事都让姚崇处理。人们笑称卢怀慎是伴食宰相，意思是只吃饭不办事。后来，"伴食宰相"就用来比喻无所作为的官员。

乌纱帽本是民间常见的一种便帽。官员戴乌纱帽的传统始于东晋，直到隋朝才成为正式"官服"的一部分。根据官阶不同，乌纱帽的材质和式样不同。明朝后，乌纱帽成为当官的代名词亨通，前景大好，但在开元三年（715年），他突然被贬为刺史。这就让宋璟纳了闷，自己毫无过错的，为什么好端端的就被贬了呢？其实，这是唐玄宗跟他开了一个玩笑。那时，唐玄宗已经有了废掉姚崇的念头，便想物色一个新的宰相人选，能力出色的宋璟自然引起了他的注意。但他先把宋璟贬出长安，再任他为相，这样好让宋璟对玄宗感激涕零、忠心耿耿。事实上，宋璟也是这样做的。

有一次，那是开元五年（717年）的十月，玄宗出巡东都洛阳经过崤（xiáo）谷时，突然天降大雨，本就狭窄逼仄（zè）的小路泥泞不堪，玄宗看了十分生气，将主管这一带的官员全部免职。宋璟待玄宗气消后，对他说："陛下您刚刚开始出巡，就因为路的事罢了官员的官职。恐怕其他地方的官员闻风而动，大肆修路，受苦的是老百姓啊！"一向强调勤俭节约的玄宗听了，意识到了问题的严重性，于是对宋璟说："那你去通知那些官员，不罢免他们的官职了！"宋璟又说："如果我去说的话，他们会以为陛下是听从了我的建议才饶恕了他们，这样他们会感激我，陛下应当在朝堂之上亲自赦免他们，好让他们感激您才对！"玄宗听了以后对高情商的宋璟更为赞赏。

宋璟在任，性格刚烈，大公无私，秉公执法，任人唯贤，清正廉洁，为人称道。当时广州的官民为他立了一块"遗爱碑"，表彰他的功绩和贡献。这本是许多官员求都求不来的，宋璟却拒绝了，还跟玄宗说："我在广州并没有立下什么丰功伟绩，

唐玄宗阿斥武氏

李隆基多才多艺，仪表非凡，很小的时候就胸怀大志，在宫里让别人称他为"阿瞒"，当时虽然武氏族人掌权，但他的言行很有主见。他七岁时，有次在朝堂上举行祭祀仪式，当时的金吾大将军（主要掌管京城守卫）武盐宗大声训斥侍从护卫，李隆基随即大声呵斥："这是我李家的朝堂，关你什么事？！居然敢这样训斥我李家的骑士护卫！"说完策马而去。武则天听说后，很是惊讶，非但不责怪他，反而更加宠爱他。

▼ 鹦鹉提壶

▲ 李白

李白是唐代伟大的浪漫主义诗人，字太白，号青莲居士、"谪仙人"，被后人誉为"诗仙"。

他的诗作被搜集为《李太白集》，代表作有《望庐山瀑布》《行路难》《蜀道难》《将进酒》《越女词》《早发白帝城》等。

知识链接

铁棒磨成针

李白小的时候很贪玩，有一天，他又逃课到山里玩耍。玩得正高兴时，他看到一位老太太在磨一根铁棒。李白很好奇地问："老奶奶，您磨这根铁棒做什么用？"老奶奶说："做针。"李白惊讶地说："这么粗的铁棒，什么时候能磨成针呢？"老奶奶说："只要我坚持下去，就一定能把铁棒磨成针。"李白很受启发，从此再也不贪玩了，专心学习。

他们现在给我树这个碑，都是因为我现在做了宰相而对我阿谀奉承，我们要坚决抵制这种风气！"

还有一个"金筷表直"的故事也广为流传。有一年春天，玄宗宴请群臣，在宴会开始之前，李隆基把自己的金筷子赐给了宋璟。当时，黄金餐具是宫廷专用的，私造金器是违法的，所以当玄宗赐给宋璟金筷子的时候，宋璟非常惶恐，不知所措。玄宗对宋璟说："不是赐给你金子，而是赐给你筷子，用筷子来赞扬你的正直！"宋璟才敢磕头谢恩。宋璟在任宰相期间，因为严格执法，绝不徇私，无形中得罪了很多人，玄宗赞扬他的正直，正是给他的最高评价和最大肯定。

开元八年（720年），宋璟罢相，但玄宗还是非常信任他，经常有事就来找他商量商量。开元二十年（732年），玄宗终于同意了宋璟多次提出的退休的请求，允许他退出朝堂，告老还乡。五年之后，宋璟去世，终年七十四岁。

诗仙李白

唐 宋八大家之一的韩愈说："李杜文章在，光焰万丈长。"李白和杜甫是盛唐时期文坛史上两颗璀璨的明星，人称"李杜"。他们生活在同一时期，相差仅十岁，亦是很好的朋友，著诗无数，但二人的诗作风格却截然不同。

　　我们先来认识一下李白。李白属于豪放派，他的诗带有强烈的主观色彩，多抒发自己的豪迈气概和激昂情怀，人称"诗仙"。李白（701—762年），字太白，号青莲居士，关于他的出生地，有的说是剑南道绵州（今四川省绵阳市），有的说是西域碎叶（今吉尔吉斯斯坦的脱托克马克市）。据说他出生时，他的母亲梦见了太白金星，所以把他取名叫李白。李白五岁的时候跟随父母搬到绵州昌隆县青莲乡（今四川江油市）居住，自小精通五经，聪明过人，希望游历天下，入仕为官。所以他二十五岁的时候就辞别双亲，只身出蜀，四处游历，南到洞庭湘江，东到会稽（今绍兴市）。开元十五年（727年），他在安陆（今湖北安陆市）娶

唐朝时，盛行佩剑

了妻子，所以定居在安陆。

李白一生都很想要做官，但是仕途不顺。他曾经两次入长安，希望能谋得一官半职。第一次是开元十八年（730年），已经快三十岁的李白来到长安，住在终南山，与终南山的名流雅士们广为结交，希望能得到引荐，但是并没有如愿。第二次是在天宝元年（742年），李白在好友吴筠的举荐下，奉诏入宫。"仰天大笑出门去，我辈岂是蓬蒿人！"李白以为自己多年的夙愿就要成真了，带着无比兴奋与激动的心情来到了长安。唐玄宗接待了他，任命他为翰林待诏，说是一个官职，其实没有任何实权，唯一的工作就是奉旨为皇帝写写诗。这下李白就郁闷了，自己本想做一个能济世安民的大官，没想到只做了一个小小的写诗的，他开始将自己的愤懑（mèn）、不满寄情于酒，"人生得意须尽欢，莫使金樽空对月"，李白成了一个"酒仙"。

本来就不懂什么人情世故、圆滑客套的为官之道的李白，还得罪了一个人，这个人使得他连一个小小的皇帝身边的写诗官都没得做。这个人就是高力士。有一次，渤海国的使者呈上了一篇番书，上面写的字满朝文武官员均不能识，玄宗想到了李白，立即召他入宫，恰好李白认识番文，宣诵如流，玄宗很高兴，还命他用番文写了一份草诏。得意忘形的李白对玄宗提出了一个要求，说自己想让高力士为自己脱掉靴子，自己做不了大官又如何？这些大官还不是要为自己服务？玄宗笑着答应了。高力士权倾朝野，是玄宗身边的红人，

▼ 唐代金凤

虽不堪受辱，但是也不敢违背玄宗的意思，只好给李白脱靴。但从此他对李白怀恨在心，在玄宗最宠爱的杨贵妃面前大肆诋毁李白，玄宗也因为杨贵妃之言对李白越来越疏远。李白自知在这宫里怕是没什么出头之日了，请求罢官回乡，玄宗赐金准许了。后来，他遭遇牵连，被流放，又逢大赦回乡。唐代宗宝应元年（762年），李白去世了，享年六十三岁。

　　李白虽然郁郁不得志，但他一直有远大的抱负，即使做不了权贵，也认为"安能摧眉折腰事权贵，使我不得开心颜"，他为自己而活，为平生的快乐与志气而活，不愧为一位伟大的浪漫主义诗人！

知识链接

李白"十五好剑术"

　　我们都知道李白的诗写得好，其实他的剑术也非常高明。李白自称"十五好剑术"，"剑术自通达"，并且师从唐朝第一剑客，可见李白的剑术也非同一般。

　　《全唐诗》收录的李白诗中共出现了107个"剑"字，除去地名"剑阁"3次，"剑壁"1次，作为兵器的"剑"有103次之多。

闯关小测试

➡ 1. 唐朝闻名于世的工艺品是（　　）

　　A. 瓷器　　　B. 乐器　　　C. 唐三彩

➡ 2. 坚决治理蝗灾的宰相是（　　）

　　A. 姚崇　　　B. 卢怀慎　　　C. 宋璟

➡ 3. "李杜文章在，光焰万丈长"中的"李"是（　　）

　　A. 李白　　　B. 李商隐　　　C. 李贺

参考答案：1. C　2. A　3. A

安史之乱

在唐玄宗以及各位贤臣的数年治理下，大唐财货山积，国库充盈，吏治清明，百姓安居乐业，唐玄宗渐渐地放松了警惕，降低了对自己的要求。从最初的勤俭节约到奢靡浪费，从勤政爱民到懒惰懈怠，从广开言路到刚愎自用，从任人唯贤到宠信奸臣，最终导致了安史之乱的爆发。大唐以此为转折点，一步步走向衰落。

口蜜腹剑

唐 玄宗宠信的奸臣中有一个叫李林甫。李林甫（683—753年）担任宰相长达十九年，是玄宗时期在位时间最长的宰相。在位时间长并不代表做得出色或被人认可，他担任宰相的这段时间可谓是煞费苦心，祸国祸民。

提到李林甫，有一个成语因为他而家喻户晓，这个成语叫做"口蜜腹剑"，表示一个人嘴上说得很甜美，心里却怀着害人的主意，形容阴险狡猾的两面派。为什么这样说他呢？李林甫，小名叫

◆ 知识链接

一雕双兔

在唐玄宗时期，张九龄、裴耀卿、李林甫三人同为宰相。就职时，张九龄、裴耀卿都弯腰趋进，显得很谦虚。但李林甫昂然站在他俩中间，非常傲慢，洋洋得意。人们惊叹道："这真是一雕挟两兔啊。"

后来人们用"一雕双兔"形容三人并列显位，一人势强而另两人处于弱势。

哥奴，他的曾爷爷长平肃王李叔良是唐高祖李渊的堂弟，本也是家世显赫的皇亲国戚，到了玄宗时期就与皇室没那么亲了，但还是在宫廷禁卫军中谋得了一个千牛直长的小职位。当时的宰相是源乾耀，李林甫与他的儿子源洁交往甚密，于是拜托源洁在他的父亲面前帮他美言几句，帮他谋得一个司门郎中的职位。谁知，源乾耀说："能任郎官的人，必须品行端正，才德兼备，哥奴哪是做官的料！"言外之意就是说李林甫这个人品行不端，无才无德，还想做官？李林甫听了之后，心中自然不悦，但只是微微一笑，毫无愠色，反而安慰源洁说："没关系。"一个人受到这样的侮辱，明明心中气愤至极，却能做到不动声色，可见李林甫的城府极深。

开元十四年（726 年），李林甫费尽心机终于升任了御史中丞，掌管弹劾百官之权，这是一个很重要的职位，李林甫利用他的职位之便讨好上层官员，排除异己。有一次，玄宗的哥哥宁王李宪交给李林甫一个名单，名单上有十个人，让李林甫对这些人予以优先选用，李林甫连考核都免了，满口答应。此外，他还选择了两个人作为自己爬上高位的垫脚石。一个是当时深受玄宗宠爱的武惠妃。武惠妃生了两个孩子，分别是寿王和盛王，但当时的皇太子是赵丽妃的儿子李瑛，玄宗宠爱武惠妃后，对寿王更加器重，武惠妃便有了让寿王代替李瑛成为太子的想法，但这件事并没有得到大臣们的支持。这时，聪明的李林甫对武惠妃说："我愿尽

知识链接

武惠妃陷害三王

为了让自己的儿子当上太子，武惠妃便设下一计，派人去召三王（即唐玄宗的三个被封为王的儿子）进宫，声称宫中进了贼，请三王帮忙捉贼，三王欣然应允。接着，惠妃告诉玄宗："太子连同二王谋反了！听说他们穿着铁甲进宫了！"玄宗连忙派人查看，确实如此，便与宰相李林甫商量。李林甫说："这是陛下的家事，作为臣子不应该干预。"玄宗听后，便下令将三王废为庶人，不久，他们都遇害了。天下人都为三王感到冤枉。

三王死后，武惠妃便得了疑心病，最终一病不起，死时年仅 38 岁。

唐代群臣服饰多达20余种，官位越高，衣裳章纹越复杂

心保护寿王。"惠妃由此将李林甫视作心腹，经常在玄宗面前夸赞李林甫，玄宗也渐渐地对李林甫有了好感。第二个人就是我们前面所提到的玄宗面前的红人——高力士。李林甫与侍中裴光庭的妻子裴夫人有了私情，而这裴夫人正是武则天的侄子武三思的女儿，武三思又正是高力士的旧主。开元二十一年（733年），裴光庭死了，李林甫托裴夫人去央求高力士进言圣上让李林甫即相位，高力士念怀旧情，不好一口回绝，但也不敢贸然进言让李林甫继相位。直到有一天，玄宗表达了自己想让韩休做宰相的意思，高力士可算是解脱了，立即透

信给了裴夫人。李林甫听说后立刻上奏举荐韩休，果不其然，正中玄宗下怀，玄宗应允了。韩休成为宰相后，认为是李林甫大力举荐的功劳，对李林甫感恩戴德，自然也在玄宗面前帮他说好话。不久，李林甫成了黄门侍郎，时常陪伴玄宗左右，服侍玄宗。

长时间的陪伴使得李林甫对于玄宗的脾气秉性、喜好禁忌、饮食起居等特征都摸得清清楚楚，还给了他很多结交后宫嫔妃的机会，通过与她们的交谈，李林甫对玄宗的心思了如指掌。开元二十二年（734年），李林甫终于如愿做了宰相。

成为宰相之后，李林甫想方设法挤走了另外两位贤相：张九龄和裴耀卿。身居高位的他有了更多和更便利的机会掌控别人的官运，不过他可以做到一面排挤别人，一面让人不知不觉还感激涕零，这是他的独特之处，也是"口蜜腹剑"的来历。有一次，玄宗想要重新起用李林甫的政敌严挺之（被贬至洛阳），李林甫极不情愿，但表面上连声称好，直夸玄宗英明，但私下里对严挺之的弟弟说："皇上对你的哥哥十分挂念，你可以呈上一道奏书，说你的哥哥得了风湿病，想要回到京城来看病，也省得皇上挂念。"严挺之的弟弟以为李林甫在帮助他的哥哥回到京城，十分感动，立刻上奏皇上，说哥哥患了风湿病。唐玄宗看了奏折，惋惜地说："太可惜了，严挺之得了重病了，不能让他太累了。"此事也就作罢。这样的事情不胜枚举，但没有人会被一直蒙在鼓里，大家渐渐识破了

▼ 黑釉白花短颈梅瓶

◆ 知识链接 ◆

李林甫护卫森严

李林甫清楚自己的仇家太多，害怕被行刺，就改变过去宰相随从不过数人的制度，每次出门都要让步骑百余人紧紧护卫，并命金吾卫士兵在前面数百步外就清理街道，所有的公卿大臣都要回避。

即便在家中，李林甫也非常小心，住的地方设置多道门和墙壁，并且用石头砌地，墙中还夹置木板，甚至一晚上要多次转移住处，他的家人都不知他住在哪里。

▼ 唐代彩色釉陶云雁纹三足盘

李林甫的阴谋，就称他"口蜜腹剑"，李林甫才不管，他只管隔绝玄宗和大臣，一来自己独掌大权，二来为了让玄宗开心，只报喜不报忧。慢慢地，李林甫得罪了越来越多的人，有了越来越多的仇家。

如果说这种利用职权之便混淆视听、公报私仇、独掌大权的行为还不够奸恶的话，李林甫接下来所做的一件事对唐朝的影响可使得他遗臭万年。大唐开国以来，选拔宰相的方式都是将有能力的朝臣放至边塞，取得战功后再回朝担任相职。李林甫害怕战功赫赫的边臣势力强大，而且不为他所控制，失去自己手中的权力，就建议玄宗说："文臣担任将军，不敢亲上战场，奋勇杀敌，不如任用那些骁勇善战的胡人为边将，他们不仅能打仗，而且在朝廷中没有党羽，不易生变，两全其美！"玄宗也深以为然，于是更加重用安禄山这些胡将，并起用胡人担任边镇的节度使，直接导致了后来安史之乱的爆发。

天宝十一年（752年），面对内有杨国忠争权，外有安禄山叛乱的局面，李林甫心力衰竭，不堪重负而死，玄宗本想以隆重的礼节将他下葬，但是掌权的杨国忠等人设计诬陷李林甫谋反，玄宗不得已下诏削除其生前所有官爵，流放其所有子孙，将其随便埋在长安郊外的山头上。李林甫掌管朝中大权二十余年，到头来却落得一个如此凄凉的下场。

红颜祸水

封建时代的女性，想要留名青史，要么靠出众的才能，譬如武则天；要么靠绝世的美色，譬如杨贵妃。杨贵妃有多美呢？李白写她："名花倾国两相欢，长得君王带笑看。"杜牧写她："一骑红尘妃子笑，无人知是荔枝来。"白居易说她："回眸一笑百媚生，六宫粉黛无颜色。"她还是"四大美女"之一，与西施、王昭君、貂蝉同列。但除了她的美貌，人们更在意的是她的"红颜祸水"。

杨贵妃（719—756年），也就是杨玉环，出生在蜀州（今四川崇州市），十岁时父母双亡，由叔父接到洛阳抚养，她自小受到了很好的教育，琴棋书画，诗歌乐舞，样样精通。开元二十三年（735年），十七岁的杨玉环以其绝色美貌和突出艺技被玄宗挑选为寿王的妃子。没过两年，玄宗非常宠爱的武惠妃去世了，玄宗极度悲痛。为了平复玄宗心中的创伤，开元二十八年（740年），高力士精心挑选了杨玉环来到玄宗的身边，伴其左右。已经五十六岁的唐玄宗看到风华绝妙的二十二岁的杨玉环，难以自拔，和她陷入爱河。

天宝四年（745年），杨玉环被正式册立为贵妃，一人得道，鸡犬升天，杨家上上下下一下成了名门望族。唐玄宗对杨贵妃极度宠爱，"后宫佳丽三千人，万千宠爱在一身"，杨贵妃喜欢吃荔枝，玄宗就命人昼夜不停、快马加鞭地从岭南运送新鲜的荔枝来，不知累死多少人马。杨贵妃极尽奢侈，宫中为她做衣服的就有七百多人，给她做首饰的也有几百人，她的家族也极力盖最豪华的房屋，攀

牡丹花象征着雍容华贵，在唐朝很受欢迎，杨贵妃戴的正是牡丹花

在古代，皇帝常常将布匹作为赏赐的物品

比之风盛行。唐玄宗与杨贵妃日日笙歌燕舞，观花赏月，饮酒赋诗，进行着一场甜蜜的"忘年之恋"。

这一场"忘年之恋"除了是两个人的风花雪月，也是一场叛乱的罪魁祸首。杨贵妃恣意妄为，任性刁蛮，认当时身兼平卢、范阳、河东三镇节度使的安禄山为义子，由此安禄山可以任意出入皇宫。有一次，在安禄山过生日的时候，玄宗和杨贵妃不仅送给了他丰厚的生日礼物，三天后，杨贵妃还把安禄山当作一个婴儿，为他举行了洗三仪式，洗完以后用特制的襁褓包着，用彩轿抬着，在后宫中转来转去。如此荒唐之事数不胜数。此外，外戚杨国忠也因为独占恩宠的杨玉环而飞黄腾达，很快升任宰相，也正是他与安禄山的矛盾直接导致了安史之乱的爆发。

远古时期，人类在海边寻找食物时，就已经发现了散发着美丽光彩的洁白珍珠，从此珍珠便成了很多人追捧的饰物，一直流传到现在

叛臣安禄山

安史之乱之所以有如此称号，就是因为发动这场叛乱的领导者就是安禄山和史思明二人。安禄山是唐代藩镇割据势力的最初建立者之一，也是安史之乱的罪魁祸首之一。他为何要发动这一场叛变？他的结局又如何呢？

安禄山于公元703年出生在营州（今辽宁朝阳），父亲是胡人，母亲是突厥部的一个巫师，以占卜为业。他长大以后通晓六国语言，就做了个替人协议物价的牙郎。

开元二十年（732年），他投靠幽州节度使张守

珪,也是在这时与同乡史思明结识。因为他在军中作战有功,而且善于曲意迎合、阿谀奉承,而被提拔为偏将,还被张守珪收为义子。在唐玄宗面前他极尽讨好与谄媚。因为安禄山身形肥胖,肚子很大,有一次,唐玄宗开玩笑地对他说:"你这个肚子里面装了什么东西,长得这么大?"安禄山回答说:"什么也没有,只有赤胆忠心。"把唐玄宗哄得开心极了。

安禄山晚年的时候更加肥胖,体重有三百三十多斤,走路的时候得用两个肩膀向上提着肚子,才能抬得动脚,但是他在唐玄宗面前跳舞的时候,动作却快得像旋风一样,真是一个灵活的胖子。除此之外,他还努力接近杨贵妃,成为杨贵妃的"义子",还对朝中官员送以厚礼,让他们帮着在玄宗面前说他的好话。就这样,玄宗对安禄山越来越信任。

后来,安禄山被玄宗委以重任,同时担任了平卢节度使、范阳节度使、河东节度使的职位,还有着尚书左仆射、骠骑大将军的头衔,统领着二十万精兵,权力之大,对朝廷的安全形成尾大不掉之势。

朝廷之中自然也有人意识到了这个问题。譬如太子李亨、宰相杨国忠等曾多次提醒玄宗说安禄山迟早有一天会反的,但此时的玄宗已经对安禄山极其信任了,他认为谁叛乱安禄山也不会叛乱的,就在安史之乱发生的前几个月,唐玄宗还亲自写信给他,告诉他自己为他修建了温泉,邀请他一起来泡温泉。

但是玄宗的信任并不能平复太子、杨国忠等人的怀疑对于安禄山的影响,安禄山时刻担心自己会

▼ 唐青釉凤首龙柄壶

　　此壶壶盖与壶口做成凤头状,整个壶就像一只傲然挺立的凤鸟,壶柄被塑成一条直立的蟠龙,体现了唐代制瓷工匠的高超技艺。

被朝廷派兵剿灭，于是大肆囤积粮草，招兵买马，积极训练，只盼自己实力强大到可以出兵反唐的那一天。

　　经过长时间的准备，安禄山觉得时机已经成熟。天宝十四年（755 年），安禄山以奉皇上旨意讨伐杨国忠之名起兵反唐。而此时的唐朝已经多年未战，军事实力大不如前，又对安禄山的叛变毫无提防之

古代将军常常将猛兽的皮毛制成坐垫，以显示自己的威武

古代皇帝赏赐的物品，不能随便送人或者处理，否则就等于不尊重皇帝

心，安禄山的叛军打得唐军猝不及防，一路势如破竹，仅仅用了三十四天，就从范阳打到洛阳，安禄山攻下洛阳，并在洛阳称帝，改国号为大燕，改年号为圣武。接着，安禄山攻破长安的屏障潼关，进驻长安，玄宗这时才如梦初醒，带着贵妃、大臣们向蜀地狼狈而逃。

战事上的顺利并没有让安禄山安稳地坐上几年皇位，反而丧命在自己的儿子手中。安禄山由于身体异常肥胖，长年长疮疖（jiē），而且患有眼疾，几近失明，身体上的不适令他的脾气变得十分暴躁，时常殴打身边的人，其中就包括谋臣严

古代叛乱的军队，往往在前期出其不意地取得较大成功，但很快就转入劣势，被官军消灭

矛和盾是古代士兵作战常用的武器

庄、阉人李猪儿两人。他们两人伙同为保住自己皇位继承人身份的安禄山的儿子安庆绪，在唐肃宗至德二年（757 年）正月的一个夜晚，用刀刺死了安禄山，又在床下挖了一个坑将他的尸体藏在里面。随后他们宣读诏书，称安禄山传位于晋王安庆绪，自尊为太上皇。过了几天，安禄山已经驾崩的消息才告知天下。

安禄山反叛这是不争的事实，但谁又能说不是唐玄宗的宠溺和放纵助长了他的狼子野心呢？唐玄宗不过是自食其果罢了。

马嵬坡之变

天宝十四年（755 年），安禄山以清君侧、讨伐杨国忠之名，率兵南下，直逼长安。玄宗率人向蜀地逃跑。

这一天，玄宗等人逃至马嵬坡。一路上路途劳累、饥饿交加的将士们面对归家无期、前途无望的情景不禁心生怨恨。将士们的首领龙武大将军陈玄礼认为大家之所以沦落至此，都是杨国忠害得，便四处散播舆论，使杨国忠成为众矢之的。接着陈玄礼又去找太子李亨商议。这时，杨国忠恰好从外面巡视回来，有二十多个吐蕃人正围住他向他讨点吃的，杨国忠还没有来得及回答，就听见有将士大喊："杨国忠与胡人谋反！"顿时，将士们一呼百应，紧接

▲ 唐朝花瓷罐

着一支箭就射中了杨国忠的马，杨国忠落荒而逃，但还是被士兵们抓住了，他们杀死了杨国忠，还杀死了他的儿子和夫人们。

　　杀死了杨国忠，将士们的下一个目标就是杨贵妃了，他们认为杨贵妃红颜祸

叛军造反时会找很多借口，并顺势除掉自己的政敌，杨国忠的死就是一个例子

水，祸国殃民，安史之乱皆因她而起。于是，将士们又包围了玄宗所住的驿站，玄宗问："外面发生了何事？"士兵答："杨国忠企图谋反。"玄宗走出驿站，慰问将士们，让他们撤走，但是士兵们不肯。玄宗又派高力士去询问原因。陈玄礼回答说："杨国忠谋反被我们杀死，杨贵妃也不应该再继续侍奉陛下了，希望陛下把杨贵妃处死。"玄宗面露难色，不高兴地说："这件事由我自行处置。"说罢便走进了驿站，此刻的唐玄宗觉得天旋地转，站也站不稳了，拄着拐杖，低着头，一动不动。这时又有大臣进来规劝玄宗，一边磕头一边说："现在将士们都非常愤怒，情况十分危急，希望陛下尽快作出决定！"玄宗答："杨贵妃一直居住在戒备森严的后宫之中，素不与外人来往，怎么会参与杨国忠谋反之事呢？"旁边的高力士也力劝玄宗，说："杨贵妃确实没有过错，但将士们杀死了杨国忠，又怎么能容忍杨贵妃还在陛下左右侍奉呢？希望陛下好好考虑这件事，稳定了将士们陛下才能够安然无恙。"

唐玄宗恍然大悟，如果不杀杨贵妃，那么死的就是自己了。事已至此，纵然玄宗心中有再多不舍，也抵不过保命要紧，抵不过自己的江山社稷重要。权衡之后，他决定自保，于是唤杨贵妃至佛堂之中，赐她白绫一条，让她结束自己的生命。此刻的杨贵妃虽悲痛万分，但也没有乞求苟活之意，她显得十分识大体，说："臣妾只希望大家都能平安无事，

▼ 唐邢窑白釉皮囊式壶

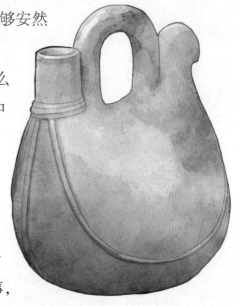

臣妾自知有负国恩，心中是不会怨恨的。"唐玄宗颇为不舍与感动，直流眼泪。
接着高力士便将杨贵妃勒死。三十八岁的杨贵妃香消玉殒。

由于唐朝纸太过昂贵，且不太
结实，所以，此时多将丝绸用
在窗户上

士兵暴乱的时候，
皇帝手中没有军
队可以抗衡，只
能进行妥协

杨贵妃死后，玄宗命人将她的尸体抬到驿站，让陈玄礼带诸将士前来察看。陈玄礼见了杨贵妃的尸体，立即脱下甲胄，磕头谢罪，说："杨国忠祸国殃民，以致生灵涂炭，陛下逃亡。臣等为了社稷，矫诏杀死了他，真是罪该万死！"

玄宗亦顺着他的话说："是我用人失察，近来我自己也意识到了这个问题。本来打算到四川之后再杀他，现在你们提前完成了我的心愿，我赏你们还来不及呢，怎么能治你们的罪呢！"

陈玄礼听玄宗这样说，赶紧率领将士们高呼万岁，这下，士兵才终于散去，整顿队伍，重新出发。马嵬坡之变至此也就算基本结束。

兵变结束后，身心俱疲的玄宗已经无力再管战事，一心只想逃到蜀地换取安宁，而太子李亨不愿再随玄宗继续向蜀地逃窜。于是二人分道扬镳，李亨北上至灵武（今宁夏），公元756年李亨在灵武登基，是为唐肃宗，尊玄宗为太上皇，改年号为至德。肃宗致力平定叛乱，启用李光弼、郭子仪等人，力图收复二京。

白居易在《长恨歌》中写道："六军不发无奈何，宛转蛾眉马前死。花钿委地无人收，翠翘金雀玉搔头。君王掩面救不得，回看血泪相和流。"唐玄宗与杨贵妃凄美的爱情故事感人肺腑，杨贵妃到底有没有错已经不重要了，毕竟这也是当时唐玄宗唯一的选择。

唐玄宗的晚年终日沉浸在痛苦与忧郁中，公元762年，李隆基驾崩，终年78岁。

▲ 巧施"美马计"的李光弼

李光弼是唐朝中期的名将，安史之乱平定后，李光弼"战功推为中兴第一"，获赐铁券，名藏太庙，绘像凌烟阁。

有一年，李光弼带兵守河阳，与史思明相持了一年。史思明的战马有一千多匹，命人每天到河南边洗马，以炫耀自己的马多兵强。李光弼心生一计，准备五百匹母马，等史思明的马下河时，他命人把母马赶下河。因为母马的马驹都在城内，因此母马一直嘶鸣。史思明的战马听着母马的嘶叫，都渡河奔向母马，李光弼命人把它们赶进了自己的军营。

◆ 知识链接

矫诏

矫诏指假托或假传的皇帝诏书，也指篡改皇帝的诏令。

115

诗圣杜甫

▲ 杜甫

杜甫的诗作体现了儒家的仁政思想，他有"致君尧舜上，再使风俗淳"的抱负。虽然杜甫活着时并不太出名，但之后被广为推崇，他的诗作对中国文学和日本文学产生了深远的影响。杜甫共有约1500首诗歌流传后世，多收藏于《杜工部集》。

◆ 知识链接

"野无遗贤"的闹剧

天宝六年，唐玄宗下诏"通一艺者"来长安参加考试，杜甫也在其中。但是权相李林甫编导了一场"野无遗贤"的闹剧，所有考生都不录取。

既然科举之路行不通，杜甫为进入官场，便结交权贵之门，投赠干谒等，但都没有结果。

接下来我们再来认识一下伟大的现实主义诗人——杜甫，他被人称为"诗圣"，他的诗作沉郁顿挫，忧国忧民，被人称为"诗史"。

杜甫（712—770年），字子美，自号少陵野老，后人也常称之为杜少陵、杜草堂，本是湖北襄阳人，后来搬到河南巩县。杜甫小的时候家境殷实，过着安定富足的生活，他从小就爱好学习，七岁就能作诗，胸怀大志。和李白一样，他也有一颗希望游历远方的心。十九岁时，他就到山东一代游历；二十岁时，漫游吴越；天宝三年（744年），与李白同游梁、宋（今河南开封、商丘），之后又去往齐州（今山东济南）；直到天宝七年（748年），才定居长安，生活也变得穷困潦倒。

和李白还有一处相像的是，他也一直渴望着入仕做官，一展宏图。开元二十三年（735年），他就参加了进士考试，不幸落榜；天宝初年（742年），他又前往长安，四处拜访达官显贵，社会名流，希望能得到引荐，但还是没有人赏识他；天宝六年（747年），玄宗诏天下有才能的人到长安来考试，杜甫也去参加了，但是由于当时的权相李林甫从中做手脚，导致参加这场考试的考生无一入选，杜甫只得继续被困长安；天宝十三年（754年），值玄宗举办祭祀大典的时机，杜甫呈献了三大礼赋，他的文采令玄宗赞不绝口，立即任命他为京兆府兵曹参军。但是好景不长，不久安史之乱就爆发了，家国破败，民不聊生，他的生活也没好到哪里去，最后索性辞官归隐。

安史之乱结束后，中原战乱他有家难回，大历五年（770 年），杜甫病逝于湘江的一艘小船上，终年 59 岁。

古代文人常要求自己"读万卷书，行万里路"。其实，行万里路与读万卷书是相互补充的，读书是静态的，行路是动态的，书中知识有限，只有多在社会中历练，才能弥补读书的不足

杜甫一生辗转飘零，坎坷多舛，穷困潦倒，仕途不顺。小到个人，大到国家，他见识了太多的生离死别、家破人亡，但他没有自怨自艾，整日抱怨，而是心怀天下苍生，时刻忧国忧民。他的诗记录了唐代由盛转衰的历史巨变，反映了当时的社会矛盾，表达了强烈的仁爱精神和忧患意识，后世对他的纪念，不仅在于他文笔精湛，而且在于他于其中所传达的无比高尚的精神。

就拿杜甫的草堂来举例吧。后人称他为"杜草堂"，即是与他住的草堂有关。杜

古代生产力较为落后，穿的衣服上面多有补丁，俗语"新三年，旧三年，缝缝补补又三年"，就是指一件衣服可以穿九年

甫草堂现位于四川省成都市，杜甫曾经在此居住过四年多。公元759年，为了躲避安史之乱，杜甫携全家来到成都，在朋友的帮助下，于浣花溪旁修建了一个茅屋，将此茅屋称作"草堂"。这个茅屋十分简陋，刮风漏风，下雨漏雨，风雨交加，寒气逼人，可就是在这里，杜甫发出了"安得广厦千万间，大庇天下寒士俱欢颜"（怎么才能得到千万间宽敞明亮的大房子，好让天下的贫寒的读书人都能有地方居住，换他们开心呢）的感叹。面对生活的困境，他首先想到的不是自己，而是普天之下同他一样甚至比他还惨的那些居无定所、衣不蔽体的人，希望能有千万间房屋给他们居住，换得他们的开心，如此旷达的情怀令人肃然起敬！

▲ 唐耀州窑茶叶末釉注子

闯关小测试

➡ 1. "口蜜腹剑"指的是（　　）

　　　A. 源乾耀　　　B. 李林甫　　　C. 杨国忠

➡ 2. "一骑红尘妃子笑，无人知是荔枝来"中的"妃子"是（　　）

　　　A. 武惠妃　　　B. 赵丽妃　　　C. 杨贵妃

➡ 3. 被称为"诗圣"的诗人是（　　）

　　　A. 杜审言　　　B. 杜甫　　　C. 杜牧

参考答案：1.B　2.C　3.B

肃宗代宗

唐肃宗与唐代宗是两位活在安史之乱阴影下的帝王，在他们的统治时期，都曾与反唐叛军斗智斗勇，只不过最后一个壮志未酬，一个姑息纵容，大唐王朝在他们的统治下由繁华走向衰落。

乱世天子

唐肃宗李亨（711—762年），唐朝的第七位皇帝，是唐玄宗李隆基的第三个儿子，也是第一个在京城外登基再回到长安的皇帝，他仅在位六年的时间，但他艰难的一生从他出生的那一刻就开始了。

唐玄宗李隆基刚被册封为太子不久，妻子杨氏就怀上了李亨。但是此时的李隆基根基未稳，正处于与太平公主互相较量的尴尬境地，一来害怕自己的孩子会惨遭别人的毒手，二来怕李亨的出生会使他背上沉迷女色、不尽心政事的骂名而被废掉，便命属下弄来一些堕胎药想要将这个小生命扼杀在杨氏的腹中，但思来想去还是不忍。

李亨出生后，由于生母杨氏不是太子妃，而太

知识链接

平叛皇帝唐肃宗

唐肃宗一心扑在平叛上，没有精力限制后宫、宦官势力，这给安史之乱后的重建埋下了严重的隐患。这既是肃宗本人的不幸，更是大唐帝国的不幸。

子妃王氏又没有生育能力，杨氏顾全大局，又忌惮王氏的地位，便将李亨送到王氏的身边抚养，虽然王氏待他很好，但是李亨的童年始终是没有得到亲生母亲的陪伴。

如果说李亨作为皇子的时光还是安定平稳的，那么成为太子乃至登上帝位后的日子就与之形成了强烈的反差。

开元二十六年（738 年），太子李瑛被杀，玄宗将李亨选为太子。成为太子之后，李亨先后有了两个敌人。第一个就是宰相李林甫。李林甫一手遮天，闭塞玄宗的视听，害怕太子的地位过强会危及自己的地位，而且他曾经力荐玄宗立寿王李瑁为太子，但未如愿，他知道如果李亨日后登了皇位肯定不会放过自己，所以极力打压李亨。好在一向行事谨慎的李亨等到了李林甫一命归西的那一天。接着，第二个敌人——杨国忠就粉墨登场了。杨国忠是靠杨玉环的关系而得到玄宗的信任的，他成为宰相后，飞扬跋扈，民怨沸腾，身为太子的李亨极为不满，杨国忠也极力反对李亨即皇位，两人的梁子也就这么结下了。一直到安史之乱爆发，马嵬坡之变的那天，李亨才找到置杨国忠于死地的机会。所以，也有一种说法称马嵬坡之变其实是李亨精心谋划的一场"有计划的兵变"。

关于马嵬坡之变，唐玄宗也意识到这可能是太子李亨的蓄意策划，李亨也没想到陈玄礼等人会再次效忠玄宗，父子之情在这场兵变中变质，只能分道扬镳了。李亨决定北上，带领部下来到了

知识链接

一斗面做生日汤饼

王皇后与唐玄宗结婚多年，一直没有儿子。当时武惠妃很受宠幸，王皇后心中不悦，武惠妃便设法诋毁她。但是王皇后对下属有情有义，没人说她坏话。

唐玄宗想废掉王皇后，把这个想法告诉了姜皎，姜皎却将这个消息泄露了出去，因此被杀害了。皇后听到消息后，担心真的被废掉，便向玄宗哭道："陛下真的忘了当年阿忠（王皇后父亲王仁皎的小名）用衣服换一斗面粉，给您做生日汤饼的事吗？"

玄宗听后也很感动，念起了旧情，就暂时放弃了废后的打算。

▼ 唐代蓝釉陶罐

朔方军的治所灵武，在这里登基即位，是为唐肃宗。

成为天子之后的李亨，一心想要平定叛乱，收复二京。在朔方军的帮助下，他曾经大创叛军，但是由于肃宗防范武将而不设统帅，只派宦官鱼朝恩去监军。一个宦官怎么可能懂得军事之法呢？毫无意外，唐军大败，而鱼朝恩将罪责全都推脱到郭子仪的身上，不明事理的肃宗解除了郭子仪的军权。接着，肃宗又起用了宦官李辅国等人，纵容张皇后干预朝政，步步将错。

至于肃宗李亨之死，有人说他是历史上死得最奇怪的一位皇帝，因为他是被吓死的。这是怎么一回事呢？公元761年，肃宗病重，接连好几个月都不能上朝。当他听到父亲玄宗病逝的消息，悲恸不止，病情就更重了。这时，张皇后已经不满李辅国的极度专权行为，便召见太子说："李辅国长期掌管禁兵，权势过大，而他真正惧怕的只有我和你。眼下陛下病危，他正在密谋作乱，我们必须率先采取行动，诛杀他们。"太子流着泪说："父皇病情正重，此事现在不宜告诉他，如果我们擅作主张，杀了李辅国，父皇的病情肯定会加重，我看此事以后再说吧。"但是张皇后并未罢手，送走太子后，又马上与肃宗次子越王李系商议。二人一拍即合，令宦官段恒俊从太监中挑选了二百多名强健者，准备发动兵变。不料，此事传到了李辅国耳中。李辅国带人前来之时正遇太子进宫探望肃宗。李辅国随即将太子限制起来，假传太子之令，命令禁兵入宫捉拿张皇后、李系等人。张皇后闻变赶紧逃入肃宗的寝宫躲避，

▲ 强藩畏服的郭子仪

郭子仪威名远播，令人信服。李灵耀占据汴州时，无论公私财物，但凡经过汴州，都被扣押，唯独郭子仪的财物路过此地时，李灵耀不仅不扣留，还派人一路护送。

朔方军

朔方军是唐朝建立在西北地区的一支军队。自武则天元载年间开始，先后有朔方道行军大总管、朔方军大总管、朔方节度使等名称的统帅。

李辅国随之带兵追入寝宫，张皇后哀求肃宗救命，不明所以的肃宗被吓得说不出话来，当天就死于寝殿之中。

唐肃宗是一位乱世天子，壮志未酬，稳固江山而祸起萧墙。但在他的带领下，大唐毕竟打出了坚决平定叛乱的大旗，给大唐的子民带来了希望。

手镯是用金、银、玉等制作的戴在手腕上的环形装饰品

钗是妇女的一种首饰，由两股簪子交叉组合而成

平叛天子

知识链接

装痴作聋的唐代宗

郭子仪的儿子是郭暧，娶了唐代宗的女儿升平公主为妻。郭暧曾和升平公主吵架，郭暧骂道："你难道是仗着父亲是皇帝吗？我父亲根本不稀罕当皇帝！"公主听后大怒，回宫告诉了唐代宗。唐代宗无奈地说："他说的对，郭令公如果想当皇帝，天下就不是李家的了。"并命公主回家。

郭子仪听说后，先将郭暧关起来，然后自己去向皇帝请罪。代宗说："俗话说'不痴不聋，不做阿家阿翁'，晚辈夫妻间的事，不要计较。"郭子仪回家后，用木棒狠狠打了郭暧数十下。

▼ 唐代定窑白釉盒

唐肃宗李亨死后，李辅国更加为所欲为了，先杀掉了张皇后、李系及他们的同党，然后拥李豫即位，是为唐代宗。李豫的这一生又过得如何呢？

唐代宗李豫（727—779年），大唐的第八位皇帝，是唐朝历史上第一次能以长子身份继承皇位的皇帝，也是唐朝历史上第一个完全由宦官拥立的皇帝。由宦官拥立，并不意味着能与其和睦相处，成了皇帝的李豫，只有两种选择，要么成为李辅国的傀儡，要么取而代之。最初，因为李辅国拥立有功，李豫对他极为宠信。李辅国恃宠而骄，手握兵权，根本不把代宗放在眼里，大臣们事无巨细都要先向他禀报。代宗虽然心里不痛快，但是忌惮他的兵权，也无可奈何，表面上仍然对他很尊敬，还称他为"尚父"，背地里和与李辅国争权夺利的朝中另一个宦官——程元振联手，设法解除了李辅国的兵权。

一个宦官走了，另一个宦官又来了，程元振取代了李辅国的位置，甚至比李辅国更为过分，继续折磨着代宗李豫。程元振贪污受贿，对于不愿意"孝敬"自己的将相大臣诬陷排挤。更过分的是，当吐蕃趁势进攻大唐边塞时，他隐匿消息，直到吐蕃的军队打到泾州时，代宗才有所察觉，不得已起用郭子仪迎战吐蕃，在郭子仪要求增加援兵的时候程元振又极力阻挠，致使唐军大败，长安陷落，之后又将罪责全部推托至郭子仪身上，但代宗并未相信他。代宗发诏征调其他的将领前来援战时，拥有重兵的李光弼等将领向代宗提出了必须先诛杀程元振的要求，不然决不出兵。代宗幡然醒悟，但对程元振还是心慈手软了一回，将其废除官爵，贬为

古人喜欢收藏宝剑，并挂在墙壁上。宝剑能象征主人尊贵的地位

平民，流放溱州。各路的将领也妥协，答应出兵，一起将吐蕃赶出了长安。程元振之后，还有一个鱼朝恩在等着李豫，他也是李豫最宠信的宦官之一。鱼朝恩开元年间就入宫做了太监，侍奉了三代君王，安史之乱时随李隆基出逃，后又颇得李亨信任，李豫即位后又任命他为观军容宣慰处置使，行使监军的职能，元老级的人物难免在权力面前难以把持，他甚至比前两位更有过之而无不及，当然他的结局也比前两位更惨，被李豫下令直接诛杀在朝堂之上。

李豫虽然贵为天子，但是内有宦官专权，外有吐蕃入侵，终于将三大宦官从自己的地盘撵出去，以为可以松一口气了，又出现了一个同样居心叵测的宰相——元载。在鱼朝恩得势之时，元载就把控朝政，残害忠良，只不过跟更为放肆的鱼朝恩相比显得不那么出众而已。在他的怂恿与帮助下，李豫下令诛杀了鱼朝恩，鱼朝恩死后，自然是枪打出头鸟了。已经有过三次与宦官斗智斗勇经验的代宗李豫将元载的所作所为看得清清楚楚，有意识地提拔朝中不愿意依附元载的人，制约元载的势力，想给他一个警告。而元载不加以收敛，专权乱政，引起民愤，李豫忍无可忍，把对待鱼朝恩的方法回赠给了元载。

清除了元载，朝廷总算安宁了，李豫终于可以腾出手来好好治理一下这个如今已经残破不堪的大唐了。他起用了杨绾和常衮等贤才，在二人的帮助下，做到了广开言路，勤俭节约，勤于政事，革除时弊，社会状况得到了好转。虽然他的历史功绩看起来不

▼ 唐代模印贴花褐斑注子

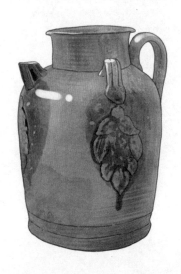

如太宗、玄宗那么突出卓越，但是锦上添花容易，雪中送炭才难做到，他接手了一个动乱残败的王朝，能在政治角逐的舞台上保住王权，能在外敌入侵之时坚决平叛，能在治乱之后革除时弊，罪己安民，这些都是难能可贵的。

但他这一生最大的错误就在于对安史之乱之后的河朔三镇姑息纵容。史朝义自杀后，唐朝为了笼络河北地区的降将，将李怀仙封为范阳节度使，田承嗣封为魏博节度使，李宝臣封为成德节度使，他们的势力不断强大，被称为河朔三镇。虽为降将，其实也只是表面上的归降，他们各自拥有强兵无数，租赋也不上交给朝廷，形成了地方割据势力。

大历十四年（779年）五月，代宗李豫一病不起，五月二十一日，命太子李适（kuò）监国，当天晚上代宗就驾崩了，终年五十四岁。

知识链接

威权动人的元载

元载做宰相时，宣州有位老者投奔他，想做官。元载见此人不是做官的料，就给他一封书信，让他另谋高就。老者走到幽州时，拆开信一看，上面只有元载的署名，其他没写一个字，非常生气，但只能持信去求见当地节度使。节度使见到元载所书，把老者迎到馆舍款待，又送他绢帛千匹。

闯关小测试

1. 唐玄宗被迫将皇位禅让给（　）
   A. 李瑛　　　B. 李亨　　　C. 李瑁

2. 被唐代宗下令直接杀死在朝堂上的太监是（　）
   A. 李林甫　　　B. 程元振　　　C. 鱼朝恩

3. 纵容河朔三镇的势力扩大的是（　）
   A. 李亨　　　B. 李豫　　　C. 李适

参考答案：1.B　2.C　3.B

山高水险

唐代宗过后,安史之乱才算是真正告一段落了,只不过他把藩镇割据的难题留给了他的继任者们。公元 779 年以后的唐朝都在藩镇割据之中度过。公元 779 年至 820 年,这期间在任的三位皇帝唐德宗、唐顺宗、唐宪宗都励精图治,锐意改革,尝试抑制藩镇,恢复统一,但无奈山高水险,螳臂当车。

泾原兵变

大历十四年（779 年）代宗李豫驾崩后,长子李适即位,是为唐德宗。李适一反他父亲对于河朔三镇姑息纵容的态度,代之以一种强硬的姿态。建中二年（781 年）,成德节度使李宝臣死后,他的儿子李惟岳向德宗提出想要子承父位的要求,这要搁肃宗、代宗时期,节度使职位世袭已然是一种默认的规矩,而德宗是怎么做的呢?他冷冷一笑,只给了两个字——不准。德宗的这一举动可是在河北诸藩王之间炸开了锅,他们意识到这可能是在杀鸡儆猴,不知道什么时候德宗就要拿自己开刀了。于是一场朝廷的削藩之战与一场藩镇的维权之战就展开了。

这场战争持续了四年的时间，最初唐军所向披靡，节节胜利，但由于卢龙镇朱滔、成德镇王武俊、淄青镇李纳、魏博镇田悦联合对抗朝廷，导致形势急转直下，诸藩占据优势。各节度使得意忘形，已经不满足于藩王的称号，纷纷称王，一夜之间大唐版图四分五裂，到处是王。旷日持久的战争需巨额的资金来支持，此时的大唐都快山穷水尽了，哪来的钱呢？德宗想了一个办法，就是向老百姓征收"间架税"和"除陌钱"，间架税就是根据房子的大小来收税，上等的房子每年每间收两千，中等一千，下等五百；除陌钱就是无论是商业收入还是个人之间的送礼都要纳税，鼓励告密，敢有隐瞒者就杖打。老百姓苦不堪言，由于多年的战乱，自己的生活本来就很难过，现在住个房子、买个东西都要交税，还让不让活了？结果，德宗钱没有收上来多少，反而引得老百姓更加怨声载道。

建中四年（783年）十月，淮西节度使李希烈围困襄城，李适派遣驻扎在关中西部的泾原诸道的士兵前往关东支援。十月二日，泾原节度使姚令言带领着五千多人的部队来到长安，准备在长安稍作休息，等领到军饷后向襄城出发。这些远道而来的将士们，身体上经受着雨雪交加、寒风凛冽的恶劣天气的摧残，心灵上又遭受着奔赴战场而又背井离乡的苦楚，没有人比他们更需要关爱和支持了。而朝廷用以接待、犒劳他们的居然只是一些粗茶淡饭而

▲ 充满矛盾的李适

李适刚当皇帝时，对文武百官非常信任，并禁止宦官干政，很想成为中兴之主。然而，安史之乱后唐朝积重难返，他的很多措施都收效甚微，有的虽然也有成效，但也付出了巨大的代价。遭遇一连串挫折后，李适的雄心被消磨殆尽。

李适的一生，不管是性格上还是行动上，都自相矛盾，无不渗透着沉重的悲剧色彩。

已，士兵们非常的愤怒，扬言道："我们即将前往前线，生死未知，朝廷却连一口饱饭都不给我们吃，我们哪有力气去抵抗敌人的刀枪呢？国家的粮仓丰盈，宝物堆积如山，不如我们就去抢来自己用吧！"姚令言听到兵变的消息，立即前去安抚将士们，劝道："等到了东都洛阳，朝廷就会给我们丰厚的奖赏的。造反可是一条死路啊，大家千万不要冲动行事！"愤怒的士兵们丝毫不理会他，继续向皇宫的方向涌去。李适也不是没有作出努力，以平复将士们的情绪。当他听到兵变的消息时，立即下令赏赐士兵每人绢帛两匹，而前去通报的宦官还没来得及说话就被泾原士兵杀了。李适又命人拿出皇宫所藏的金银布帛，装了满满的二十车，刚装好车，士兵们就一拥而入，攻进了皇宫。这下李适才慌了，带着几个妃子和大臣赶紧从玄武门逃跑，一路逃到了咸阳。于是一场大暴乱在长安城里肆虐着。乱兵们四处抢夺劫掠，甚至有一些乱民也混入其中。经过了一个不平静的夜晚，皇宫被洗劫一空。

十月四日的清晨，泾原士兵们迎来了他们新的领导人——朱泚（cǐ）。朱泚原为幽州卢龙节度使，留任京城后，节度使的职位由他的弟弟朱滔担任，后来朱滔谋反，朱泚便被软禁于长安。姚令言觉得朱泚非常适合做他们的领头人，便去邀请。朱泚复出后，稳定住了长安混乱的局面，强迫未出逃的官员前来报到。但他才不愿意只做一个助人为乐的人，他也有一个皇帝梦。建中四年（783 年），朱泚在长安登基，自称为大秦皇帝，以姚令言、源休等人为

▼ 唐三彩盖罐

左右手，组建了自己的朝廷，随后，便向李适藏匿的奉天城（今陕西乾县）进军。朱泚的军队包围了奉天城一个多月，城中弹尽粮绝、情势危急，其间朱泚派兵几次攻城，但都被唐军打退，朱泚索性不打，想把李适困降城中。最终，多亏了李怀光带兵马前来相救，朱泚被迫退兵，奉天之围才得以解除。

德宗李适断然拒绝藩镇父死子继的要求，表明了势必抑制藩镇势力的决心，他为此做出尝试，没曾想却招来了更大的祸乱。泾原兵变后，德宗如同惊弓之鸟，对藩镇的态度也由强硬回归到了纵容。

> **知识链接**
>
> **唐顺宗创下的两个纪录**
>
> 在中国所有的皇帝中，唐顺宗创下了许多纪录：
>
> 1. 位居储君时间最长，当太子的时间长达 26 年。
>
> 2. 无论当皇帝还是太上皇的时间都非常短。顺宗只做了 186 天皇帝，之后还做了 5 个月的太上皇。

永贞革新

德宗之后，做了整整 26 年太子的李诵即位，是为唐顺宗，他在位时间还不到 200 天，但还是积极为政，锐意革新。永贞革新就是他所做的努力。

泾原兵变时，唐德宗以宦官窦文场、霍仙鸣护驾有功，任命二人为神策中尉，从此宦官统领禁军便成为定制，手握重兵使宦官专权的现象更加严重。

顺宗即位时，朝中政治腐败，宦官当政，一些正直有为的官员都被排挤贬黜，朝外藩镇割据势力严重威胁着唐王朝的统治，形势不容乐观，他不得不采取措施来挽救这种局面了。

他上任后，重用革新派，朝中形

▼ 唐代白釉杯

成了以王叔文、王伾（pī）、刘禹锡和柳宗元（"二王刘柳"）为代表的革新集团，由于顺宗身体不好，所以就把决策大权全部交与王叔文，革新派主张维护统一、反对藩镇割据，打击宦官专权，加强中央集权，在朝中掀起了"永贞革新"的浪潮。

他们的主要改革内容包括：

一是罢宫市、五坊使。宫市指的是自德宗以来宦官们在采买时以皇宫需要为借口公开抢掠的行为。五坊指的是雕坊、鹘（gǔ）坊、鹞（yào）坊、鹰坊和狗坊，任命宦官掌管，专供皇帝狩猎与为宫里搜寻鸟兽所用，这些宦官职位虽小，但是

古代常将纸制作成灯罩，既能防止风吹灭蜡烛，又能起到很好的装饰作用

改革是对旧有的生产关系、上层建筑作局部或根本性的调整

经常到处勒索，危害民间，百姓对之厌恶至极。宫市、五坊使的取消是民心所向。

二是取消进奉。进奉指的是节度使为了讨好皇帝向皇帝献上的珍宝钱财，后来，一些州刺史甚至幕僚也纷纷效仿这种行为。但是羊毛出在羊身上，这些进奉的钱财都是这些官吏们从老百姓的身上搜刮而来的，无疑加重了百姓的负担。针对这一问题，革新派主张除了正式的税收以外，不得擅自征税，除了规定的常贡，官员们也不得另行进奉。

三是打击贪官、宦官。浙西观察使李锜，在兼任转运盐铁使之职时，趁机贪污，"盐铁之利，积于私室"。革新派上台后，王叔文免去他的转运盐铁使之职。京兆尹李实以唐朝皇族的身份专横残暴。时逢贞元年间关中大旱，他却虚报丰收，强迫农民照常纳税，甚至逼得百姓拆毁房屋，变卖瓦木，去买粮食纳税。百姓对他恨之入骨，王叔文罢去了他京兆尹的官职，贬为通州长史，大快人心。此外，革新派还裁剪宫中人员，停发内侍俸禄，还意欲夺回宦官的兵权，但遗憾的是没能实现。

四是抑制藩镇。王叔文等对待藩镇割据势力的态度是绝不姑息纵容。有一次，剑南西川节度使韦皋派刘辟到京都来对王叔文进行威胁利诱，希望能扩大自己的割据地盘。王叔文不仅不假思索地拒绝了，还说要杀了刘辟，吓得刘辟狼狈逃走。

正当改革进行得如火如荼之时，唐顺宗得了中风哑了，王叔文因为母亲去世告假回家守丧，王伾也患了中风，革新派一下子失去了中坚力量。而革

▲ 柳宗元

柳宗元是唐宋八大家之一，唐代文学家、哲学家、散文家和思想家。

知识链接

惨遭杀害的王叔文

王叔文，唐朝中期的政治家。他原不想立皇太子，但唐顺宗久病不愈，百官、京城和各地都请求立太子。不久，朝廷颁发诏书立广陵王李纯为太子，全国都很高兴，只有王叔文眉宇紧锁，但又不敢说这事，只得吟诵杜甫题诸葛亮祠堂诗的末句说："出师未捷身先死，长使英雄泪满襟。"接着便悄然流泪，人们都私下嘲笑他。皇太子代政时，王叔文被贬为渝州司户参军。

元和元年（806年），王叔文被杀。

新派的措施矛头直指宦官、贪官、藩镇势力，引起他们的强烈不满，再加上没有成功夺得兵权，失败不可避免。在俱文珍等宦官的逼迫下，顺宗被迫禅位给了长子李纯，是为唐宪宗。宪宗即位后，革新派受到重创，王叔文被贬为渝州司户，王伾被贬为开州司马，柳宗元、刘禹锡等八人被贬为司马，这就是历史上有名的"二王八司马"事件。又一位尝试改变唐朝困境的皇帝失败了。

▲ 不同寻常的唐宪宗

唐宪宗当上皇帝后，常常阅读历朝实录，每当读到唐太宗和唐高宗的故事，他就非常仰慕。宪宗以唐朝的圣明之君为榜样，能认真总结治国经验，善于驾驭群臣，敢于重用宰相。他在延英殿和宰相商量事情，常常到很晚才退朝。

唐宪宗在位共 15 年间，期间他勤勉政事，君臣同心同德，所以取得了元和削藩的巨大成绩，并重振了中央政府的威望，使唐朝有了中兴气象。

长久以来，唐朝有三位皇帝获后人评价较高：唐太宗、唐玄宗、唐宪宗。唐宪宗虽然没能像太宗和玄宗那样开创盛世，却可与他们并驾齐驱，这也正印证了他的不同寻常。

元和中兴

唐宪宗李纯（778—820 年）是大唐的第十一位皇帝，也是一位治国有方、较有作为的皇帝。他在位期间，提高宰相的权威，平定藩镇的叛乱，国家政治一度回到正轨，基本恢复了大一统的局面，出现了中兴现象，所以历史上把这一时期称为"元和中兴"。但他仍然对宦官非常信任，没有根除造成藩镇割据的根源，这场中兴也没有持续多久。

宪宗最大的功绩就是一改对藩镇割据的纵容姑息的态度，下令削藩，平定诸镇。元和元年（806 年），宪宗出兵讨伐剑南西川节度使刘辟，旗开得胜，随后又出兵讨伐夏绥留后杨惠琳；元和二年（807 年）平定了镇海节度使李琦的叛乱；元和九年（814 年）至元和十二年（817 年），历经三年时间，平定了淮西吴元济叛乱；元和十三年（818 年）平灭了淄青李师道叛乱。至此，长期以来的藩镇跋扈的局面有所改变，所有的藩镇在名义上都已经归服于唐朝了。

平定藩乱离不开贤明的宰相们，但是宦官当政的局面下，宪宗的宰相可不是好当的，经常会遇到生命危险。他先后重用的宰相有杜黄裳、李吉甫、武元衡、裴度等人。李吉甫暴病身亡后，武元衡被任命为宰相出任西川节度使。他性情刚烈，平定了镇海节度使李琦叛乱后，又主张讨伐淮西吴元济，面对威逼利诱不为所动。元和九年（814年）武元衡突然被人谋杀在自己的府邸（dǐ）之中。宪宗极为悲痛，下令停朝五天，以示哀悼。就在武元衡被谋杀的这一天，宰相裴度也遭到了暗算，但幸运的是，刺客砍向裴度的三刀都未及要害，他逃过一劫。一天之内，天子脚下，先后两位大臣遇袭，这是一件多么恐怖的事情啊。宪宗下令加强戒备，增派人手保护大臣、百姓们的安全，并且严加搜查，捉拿凶手。几天以后，凶手张晏等人为神策军所捉拿，在长安正法。

削藩胜利后，宪宗觉得大局已定，日益骄傲自满，沾沾自喜，将来之不易的大好局面又葬送在自己的手中，还失去了自己宝贵的性命。

宪宗迷信佛教，排斥正直进言的官吏，信任宦官，甚至把一直颇为信任的宰相裴度贬为河东节度使，大兴土木，奢侈浪费。当时，凤翔法门寺里有一座叫护国真身塔的宝塔，里面供奉着释迦牟尼佛留下来的一节指骨，每三十年才开启一次，供人瞻

▼ 唐代绿色琉璃瓶

驱逐鳄鱼的韩愈

韩愈因为直言劝谏，被贬到潮州做刺史。潮州的一条江中有很多鳄鱼，人们过江时稍有不慎就会被鳄鱼吃掉。韩愈下令准备好祭品，决定亲自去江边设坛祭鳄。

韩愈摆好祭品后，对着江水大声喊道："鳄鱼！鳄鱼！我到这里做官，限尔等在七天内，带同族类出海。如果七天后还不走，我绝不客气。"

自此，潮州再也没有发生过鳄鱼吃人的事情了。

仰礼拜以求风调雨顺。当时，把佛骨迎回长安是礼佛的最高形式之一。宪宗也非常动心，于是命人将佛骨隆重地迎回长安，这让长安城内的大臣、百姓们都陷入一种疯狂的状态，大家都千方百计地想得到瞻仰佛骨的机会。当时的刑部侍郎韩愈对这种铺张浪费迎佛骨的行为很不满，就给唐宪宗上了一道奏折，劝谏宪宗不要迷信，还说佛骨是污秽之物。唐宪宗看到奏章后非常生气，对宰相裴度说："韩愈诽谤朝廷，朕非得把他处死不可。"但由于很多人替韩愈求情，唐宪宗最终把他贬为潮州刺史。

没有人能动摇宪宗的迷信思想，结果他因食用过多的金丹而中毒，经常感觉身体不适，乱发脾气，打骂宦官。元和十五年（820年），宪宗死于大明宫，终年仅43岁。

闯关小测试

1. 对藩镇的态度由强硬回归到了纵容的是（　）
   A. 李适　　B. 李诵　　C. 李纯

2. 革新派"二王刘柳"中的"刘"指（　）
   A. 刘长卿　　B. 刘禹锡　　C. 刘希夷

3. 反对唐宪宗迎佛骨的官员是（　）
   A. 李吉甫　　B. 裴度　　C. 韩愈

参考答案：1.A　2.B　3.C

短命天子

　　元和中兴的局面不过是昙花一现，宪宗死后，藩镇势力卷土重来，宦官专权愈演愈烈，之后出现的四位皇帝唐穆宗、唐敬宗、唐文宗、唐武宗都有一个显著的特点，就是在位时间短且都早逝。四位皇帝的统治时间加起来才不过二十多年，最长的唐文宗在位也仅十四年的时间。

甘露之变

　　唐穆宗和唐敬宗真可谓是一对"败家"父子俩，不思进取，纵情玩乐，荒废朝政，把宪宗辛辛苦苦取得的一点成绩都断送了。唐穆宗李恒即位的时候已经二十六岁了，即位时完全不顾及自己的父亲才死了没多久，就迫不及待地宣召歌伎、舞伎入宫表演。此后经常大肆宴饮欢乐，奢靡铺张，年仅三十岁就因病驾崩了。而他的儿子敬宗李湛就更厉害了，十六岁就当了皇帝的他贪图享乐，好吃懒做，经常日上三竿还不见他上朝。他自己喜欢击球，便要宫里的将士、宫女、太监们都陪他一起玩，还经

▲ 唐代吹乐器俑

常在宫里举行体育赛事，花重金培养力士进行搏击、拔河等比赛以供他观看。他还非常迷信，渴望长生不老，结果上任仅两年就一命呜呼了（为宦官所杀）。而他们之后的这位君主则是晚唐时期少有的一位贤明君主——唐文宗李昂。

唐文宗李昂（809—840年）是穆宗的第二个儿子，也是敬宗的弟弟，但是脾气秉性却与他们大大不同。他在位期间按时上朝，勤勉政事，每次上朝的时间都很久，事无巨细都与大臣们详细讨论，在生活上非常节俭，身体力行，穿着朴素，遇到各地发生灾荒的时候，自己更是主动拒绝奢靡的御膳，平时不宴饮狩猎，轻徭薄赋，连宰相裴度都赞扬他："大唐太平之日指日可待啦！"

但是有一件事让唐文宗很烦心，就是一直以来愈演愈烈的宦官问题。对于唐文宗来说，宦官里藏着杀害他哥哥的凶手，而拥立他的宦官王守澄又完全不把他放在眼里，这让他非常气愤。当时的大臣郑注、李训也同样痛恨宦官把持朝政的行为，向文宗表示，愿意助他一臂之力。而郑注和李训这二人呢，又恰好都是由宦官王守澄推荐的，文宗认为起用他们二人，王守澄自然不会怀疑，也就欣然接受。从那以后，二人以铲除宦官势力为己任，常常在一起密谋除宦大计。文宗对二人越来越信任，授以高官爵位，在外人看来这都是得益于王守澄，从来没怀疑过。

密谋的第一件事自然就是好好惩罚一下王守澄了。郑注、李训二人利用素来与王守澄有嫌隙的宦官仇士良接替了王守澄的神策军中尉一职，王守澄非常不满，不久又封王守澄为一个空有头衔、毫无实权的左右神策军观军容使，没有了兵权的王守澄对文宗再也构不成威胁，不久就被文宗赐鸩酒毒死。对付王守澄的过程进行得非常顺利，接下来就该收拾一下其他宦官了。

太和九年（835年）十一月二十一日，唐文宗正端坐在紫宸殿上，左金吾卫大将军韩约前来奏报，说："金吾厅后面的那棵石榴树上，昨天发现降有甘露，这可是祥瑞之兆啊！"于是朝中百官都纷纷向文宗道贺。文宗便让全体大臣、宦官们动身一起前去查看，称自己随后就到，其中就包括大宦官仇士良。仇士良将信将疑，待他来到金吾厅时，看见先前报信的那个韩约浑身是汗、脸色煞白，就问道："你怎么了，将军？"这时，突然刮起了阵风，只见那风将帘子高高卷起，帘子后面隐匿的大批士兵清晰可见，风里还夹杂着兵器碰撞的声音。仇士良立即反应过来，想都不想就带领着宦官往外逃。

仇士良心里已经明白了是怎么一回事，但是非常淡定，带着宦官们跑去见唐文宗。他向唐文宗称有人想要杀他们。李训见计划已经败露，索性说："来人啊，上殿护驾！"其实是令士兵们上殿前来捉住仇士良等人。仇士良可不想坐以待毙，只说了一句："请陛下回宫。"文宗就被宦官们挟持带下去了。这时李训等人的士兵冲上前来，连杀了十几个宦官，但还是被仇士良派来的数千名神策

▼ 唐代绿釉香薰

军给剿灭，李训、郑注等人也死在这场变乱中，而大多数宦官安然无恙。这场变乱持续了十几天，无论是政府官员、内官侍从，还是黎民百姓都难逃噩运，一时间皇宫内血流成河，惨不忍睹。

甘露之变的失败预示着文宗诛灭宦官的计划全盘失败，他自己也因为这场事变被宦官软禁，从此萎靡不振。宦官的势力更大了，而皇上几乎成了一个摆设而已。开成五年（840年），年仅三十三岁的文宗也去世了。

会昌毁佛

文宗去世后，在仇士良的拥立下，文宗的弟弟李炎即位，是为唐武宗（814—846年），次年改元会昌，这也是中国历史上非常罕见的兄弟三人相继为帝的现象。他和文宗一样也是由宦官拥立的，但他上位后仍致力于打击宦官的权力。他在位七年的时间，知人善任，以李德裕为相，加强皇权，打击宦官，抑制藩镇、稳定边疆，使大唐一度出现兴盛的局面，后人称之为"会昌中兴"。但提及唐武宗，人们更为津津乐道的是他在文化上的做法——会昌毁佛。唐武宗为何要毁佛？这场毁佛运动带来了什么影响？

武宗毁佛其实是为了发扬道教。从大唐开国之时，便以道教作为国教，但是随着佛教的传入，道

▲ 唐武宗

唐武宗性情豪爽，身材高大，他登基为帝时，已经27岁了。唐武宗迷信道教，常和道士来往，相比起只生活在深宫中的皇子们，他有更多观察社会的机会，这是他的优势。

唐武宗喜欢骑马游乐，还经常带着自己宠爱的王才人到教坊饮酒作乐，和乐人嬉戏打闹，仿佛到老百姓家做客一般。但是，唐武宗又能在游乐中保持清醒头脑，不忘处理国家政务，没有因为游玩耽误国家大事。

◆ 知识链接

"三武一宗"灭佛

在中国历史上曾发生过"三武一宗"的灭佛事件，"三武"指北魏太武帝拓跋焘、北周武帝宇文邕（yōng）、唐武宗李炎，"一宗"指周世宗柴荣。

▲ 李德裕让宰相愧疚

李德裕为李吉甫之子，少年时期的李德裕聪慧过人，唐宪宗非常赞赏他，经常将其抱在膝上，李吉甫也常常向同僚夸赞儿子聪慧。有一天，宰相武元衡问李德裕："你在家都看些什么书？"想试探他的志向，但李德裕缄默不言。

第二天，武元衡把这件事告诉李吉甫，嘲笑李德裕。李吉甫回家后问李德裕为何不回答，李德裕说："身为宰相，不问治国之道，却问我读什么书，这是礼部该管的事。宰相所问不当，我因而不答。"武元衡听说后，感到十分惭愧。

◆ **知识链接** ◆

赵归真的结局

因为唐武宗服丹药身亡，赵归真立刻被逮捕并处死。还有人说他最后逃到了深山里。

教和佛教之间的斗争从来都没有间断过。到了唐武宗时期，僧人们大肆侵占田地。由于国家不对"寺田"征税，许多农民为了逃避赋税也纷纷加入寺庙，成了僧尼们的佃农，不愿意再做国家的佃农，也不再向国家缴纳赋税了。长此以往，造成了国家财政严重亏空的局面，威胁了唐王朝的统治。除此之外，武宗的个人原因也直接导致了毁佛运动。武宗得到皇位实属偶然，他比任何人都想长生不老，好能永久享受这一份至高无上的荣耀。这时，一个人走进了他的生命里，这个人是一个道士，叫赵归真。武宗刚刚即位八个月的时候，就把赵归真迎回宫里，让他在宫里设道场，筑望仙台，对他的长生不老之术和丹药非常迷信，还拜他为师。李德裕看不下去了，还曾经进谏说："赵归真这个人还是不要那么亲近的好。"武宗回答："我只是在没有事的时候才和他唠叨两句解解乏闷，纵然有一百个赵归真，也不会迷惑到朕的。"武宗说的是真的吗？他其实只是对自己也不太了解罢了。这是一个口是心非的答案，武宗的心早就被赵归真给深深地迷惑了。

赵归真对武宗说有一个叫邓元起的道士会长生不老之术，武宗立马派人将邓元起接到宫里。赵归真对武宗说佛教不是中国之教，会祸国殃民，应该取消佛教，如果不取消佛教以巩固道教的统治地位，就代表着武宗入道的心地不纯，长生不老之术对武宗是不灵验的。武宗信了，于是在会昌五年（845年）颁布了诏令："佛教败坏国风，蛊惑人心，耗费巨资，浪费人财。一个农民不种地就会挨饿，一个农妇不养蚕就会贫穷，现在天底下的僧尼何其多，为了革除积弊，从今天开始，拆毁佛像，令僧尼还俗。"于是，一场规模浩大的灭佛运动开始了。

这场大规模的灭佛运动，一共拆除了各地的寺庙 4600 余所，迫令近 26 万僧尼还俗为民，没收了寺院所拥有的上等土地近千万顷，没收奴婢近 15 万人，这场灭佛运动有力地打击了寺院经济，收回了许多土地，解放了许多劳动力，增加

封条是权威的象征，表示未经许可不得擅自打开，否则将被严惩

了国家的财政收入，但也闹得人心惶惶。

唐武宗按照赵归真的说法实行灭佛了，那么他的长生不老的愿望实现了吗？我们都知道，没有，因为我们至今还没见到一个能长生不老的人。唐武宗因为长时间服用丹药，身体受到了极大损伤，日渐消瘦，人也喜怒失常，狂躁不安，甚至还失去了说话的能力，最终因为金属中毒，口吐白沫而死，享年也仅仅三十三岁而已。而这场毁佛运动，随着唐宣宗李忱对佛教的重新提倡，其成果也没能持续多久。

牛李党争

牛党是指以牛僧孺、李宗闵为代表的官僚集团，多是以科举出身，门第卑微，靠十年寒窗苦读参加科举考试才得以出人头地的官员；李党指的是以李德裕为代表的官僚集团，多为门第显赫的世家大族子弟，能谋得官位多靠的是家族的权势。出身的不公平导致了命运的不公，同在朝中谋事的大臣们互相看不惯对方，牛党认为李党除了有家世一无是处，李党也看不起牛党一副穷酸的模样。自宪宗起，牛李党争就在唐朝的朝政之中开始，持续了近四十年之久，至唐宣宗时才结束。连颇有成就的唐文宗都感叹道："去河北贼易，去朝中朋党难！"这场持久的政治风暴几乎将朝中所有的高层官员卷入其

段 短命天子 | 牛李党争

中，试问，当一个国家的所有官员都将精力放在结党营私、勾心斗角、抨击对方上，那么还有谁来关心江山社稷、百姓疾苦、天下兴亡呢？由此，朋党政治成了除藩镇割据、宦官专权之外的第三大倾覆大唐帝国的原因。

事情还要从一场科举考试说起，这就是元和三年（808年）的那一场"贤良方正能言直谏科"考试。唐朝的科举制度分为两种，分别是常科和制举，常科是一年一度的考试，以考察诗赋的进士科最为重要，而制举考察的是与国家政治问题紧密联系的诸如政策方针、国情民情的问题。皇上也极为重视制举考试，经常亲临考试考场，所以制举也被称为殿试。这一场贤良方正能言直谏科也是选拔官员的一场重要的考试，身为举人的牛僧孺和李宗闵也参加了这场考试。他们在试卷中严重批评了以宦官为代表的权贵们，独特的政见与杰出的才能得到了考官的青睐，考官就把他们推荐给宪宗。很快，这件事传到了宰相李吉甫（李德裕的父亲）耳中，李吉甫在皇上面前诬陷牛僧孺与李宗闵与考官有私交，所以才得以被推荐。宪宗相信了他的话，将考官降了职，也没有录用牛僧孺和李宗闵二人。朝中大臣们对于他们二人被冤枉的事议论纷纷，迫于压力，宪宗只好把李吉甫也贬为节度使。

而这件事还只是一个伏笔，唐穆宗时期的一场进士考试让这个事件得到升温。当时，李德裕、牛僧孺、李宗闵都已经相继入朝为

知识链接

清正廉洁的牛僧孺

韩弘是唐朝某个藩镇的宣武节度使，曾镇守大梁长达20年，搜刮了大量钱财。后来被调到朝廷，任命为中书令。他的儿子花费大量钱财贿赂百官，他曾给牛僧孺送钱千万，被牛僧孺当面拒绝，一点不含糊。

韩弘倒台后，皇帝在他家中搜出贿赂名册，记载了朝廷很多大臣都曾接受他的贿赂，只有在牛僧孺的名字后面用红笔写着小字："×年×月，送户部侍郎牛僧孺钱千万，不纳。"唐穆宗看后，忽然眼前一亮，更加器重牛僧孺了。

▼ 唐代白瓷贴花高足钵

145

官，得到重用。穆宗长庆元年（821 年）的这一场进士考试是由礼部侍郎钱徽和右补阙杨汝士（二人均为牛党党派人士）所主持的。在考试之前，当时的宰相段文昌找到了钱徽，让他帮帮忙，提拔一下一个叫杨浑之的考生，因为他很喜欢杨浑之送给他的字画；当时的翰林学士李绅也找到了钱徽，递给了钱徽一封推荐信，对一名叫周汉宾的考生大加赞赏。本来，大臣推荐出色的学生也是常有的事。但是，考试结果出来了以后，这两个朝廷高官大跌眼镜。这次考试共录取了十四个人，其中李宗闵的女婿苏巢、主考官的弟弟杨殷士、宰相裴度（牛党人士）的儿子裴撰等大臣的子弟都在内，而段文昌和李绅所推荐的两个人一个都没有被录取。这事肯定有蹊跷！一气之下，段文昌向唐穆宗揭发了钱徽等人徇私舞弊的行为。穆宗听了，唤时任翰林学士的李德裕前来，问是否属实，李德裕说："是真的。"于是穆宗立即组织复试，让这些被录取的人重新考一次，结果高中（zhòng）的十四个人中只有三个人勉强合格。穆宗十分生气，将李宗闵贬为剑州（今四川）刺史，将钱徽贬为江州（今江西九江）刺史，其他与此案有关联的官员都遭到罢免。牛党认为此事为李德裕对他们的又一次肆意报复，牛李两党的结怨更深了。到唐文宗时期，李宗闵、牛僧孺得到重用，官至宰相，而李德裕又被贬为西川（今四川成都）节度使。

除了争地位，争权力，争谁的官大，牛李两党还在朝廷问题上争论不休。第一个问题自然是选官

知识链接

朋党的后果

在帝制时代，几乎各个朝代都有大夫结党的事，朋党之争也经常发生。东汉有党锢之祸，唐代有牛李党争，宋代有元祐党案，明代有东林党案，这些就是典型。党派之争，不能绝对地说哪一派好哪一派坏，但党争的后果就是双方难免意气用事，不顾国家安危，使政局混乱，国家益发腐败。

因此，不管从哪方面说，中国封建历史上的"朋党"之争确实暴露了封建社会不可避免的阴暗面。

问题了，牛党主张以科举选人才，而李党主张门荫（上辈有功而给下辈入学仕官的优待）入仕。第二个问题就是应该如何对待藩镇。牛党主张对藩镇姑息迁就以求和平，而李党主张主动出兵，以武力平定藩镇。比如，在文宗太和五年（831 年）九月，吐蕃发生了内乱，维州（今四川理县）的副使率众向大唐投降，而维州是唐与吐蕃之间的军事要地，唐曾经屡次征伐而不得，如今却自己送上门来了！这么一件好事李党与牛党也争得不相上下。李党李德裕认为这是削弱吐蕃的大好时机，立刻上书文宗："臣愿意带兵直捣吐蕃腹地！"而牛党牛僧孺却说："吐蕃的版图那么大，区区一个维州，即使我们得到了也不能削弱他们的势力。如果我们接受了维州，就是对双方盟约的践踏，如果他们以我们不守信用而出兵，我们就太得不偿失啦！更何况不诚信之事，就连一个匹夫都不屑于去做，何况一个帝王呢？"最终，唐文宗选择相信了牛僧孺的话，命令李德裕将维州的人和地全部都还给吐蕃，而还给吐蕃的当天，吐蕃人就把维州向唐投降的人全都杀了。而唐朝呢？白白丧失了一个占据优势军事领地的契机，为边境版图安全的问题留下隐患。当唐文宗明白过来，又将过错全都怪罪到牛僧孺的身上，于是牛僧孺又被贬为淮南节度使，李德裕就入朝成为宰相了。在李德裕的权术掌控下，没多久，李宗闵也被罢相了。

太和九年（835 年），文宗为了打击朋党政治，起用了李训和郑注，形势一度好转，但甘露之变发生后朝中大权为宦官仇士良等把控，文宗驾崩后即

▼ 唐代三彩绿鞍战马

位的武宗又将李德裕请回来做宰相。重新得势的李德裕还是没放过他那已经垂在悬崖边上的老对手们，诬陷牛、李二人意图谋反，最终二人被流放，连个小小的官都没得做。而李德裕呢，武宗死后，即位的宣宗李忱将他一贬再贬，最后他死于崖州（今海南琼山），又将牛、李二人迎回来做宰相，但是二人已经无福消受了，还没到长安呢，就双双去世了。这一场斗争以双方核心人物的先后离世而告终。

牛李党争并不是一场有积极意义的黑暗与光明之间的斗争，而是两个官僚集团争权夺利、结党营私的行为，导致朝中政治混乱。牛李党争虽然随着他们的离世而结束，但这场政治风暴对于国家政治的破坏是巨大的，由于两党都依附于宦官的势力，导致宦官的权力越来越大，加速了唐朝的灭亡进程。

知识链接

私藏盔甲 = 谋反

盔甲在战场上能大大降低士兵死亡率，因此每个朝代都把私藏盔甲列为谋反重罪。但是，朝廷并不反对民间使用弓弩、刀枪甚至火绳枪等作战武器。这些武器能够用来防身或打猎，生活中必不可少。但盔甲只在战场发挥作用，平时用不到。

起义军由于缺少盔甲，在面对披坚执锐的士兵时往往大败而归，数十万起义军被几千名官军肆意追杀，在古代是常有的事。

闯关小测试

1. 甘露之变后，哪位皇帝被宦官软禁起来？（　）
   A. 李恒　　B. 李湛　　C. 李昂

2. 唐武宗李炎最著名的运动是（　）
   A. 打击宦官　　B. 稳定边疆　　C. 会昌毁佛

3. 李宗闵是牛李党中的哪一派？（　）
   A. 牛党　　B. 李党　　C. 中间派

参考答案：1.C　2.C　3.A

日薄西山

常言道："人无千日好，花无百日红。"历史为破败不堪的大唐敲响了最后的钟声。藩镇割据、宦官擅权、皇帝昏庸、朋党之争，再加上声势浩大的农民起义，唐朝的统治不攻自破，李家天下改名换姓，从此姓朱了。

 ## 传奇宣宗

在 唐朝的末期，还有过一次回光返照，这是在有"小太宗"之称的唐宣宗李忱的统治下实现的。宣宗积极寻求治国之道，重视吏治、节俭安民，善用权术、平衡政治，严律宗亲、以身作则，使国家在短时间内实现了难得的平稳发展，但是此时的唐朝已经积重难返，无力回天了。

唐宣宗（810—859年）是唐宪宗的第十三个儿子，是敬宗、文宗、武宗的皇叔，也是大唐历史上第一个以皇叔的身份登上皇位的。为什么说宣宗是"传奇"的呢？因为大家都说宣宗是个"傻子"，而他也正是因为"傻"才得以登上皇位的。唐宣宗

◆ 知识链接

什么是"回光返照"

回光返照本来是指日落时太阳光线反射，使天空短暂变亮的现象，现在形容人临死时神志忽然清楚，也用来比喻即将消亡的旧事物最后出现的繁华。

◆ 知识链接

唐宣宗严教子女

唐宣宗李忱在教育孩子方面很下功夫，他的长女万寿公主嫁给了起居郎郑颢，按照惯例应该用银箔饰车，但是从唐宣宗开始，都改为铜饰，以节约费用。

有一次，郑颢的弟弟重病缠身，唐宣宗派人前去探望。那人回来后，唐宣宗问公主是否在家，得知公主在慈恩寺看戏后，唐宣宗大怒，派人叫来公主，严厉斥责道："小郎有病，你为何不去探望，反而去看戏？像什么话！"公主吓得赶忙认错，表示再也不犯。

▲ 唐朝长沙窑黄釉执壶

原来的名字叫李怡，他小的时候口齿不清，行动木讷，反应迟钝，一直被人认为是个智力有缺陷的孩子，而这样的孩子总是被人欺负，长大后也还是这样。文宗即位后，经常与诸王在一起宴饮，宴席上总是拿逗李怡讲话的方式来为大家寻乐子，李怡总是讲不出话来，憨态常常逗得大家捧腹大笑。武宗即位后，总觉得李怡的这种"傻"是装的，认为他其实心里暗自在谋划着些什么，自然就看李怡不顺眼，经常谋害他。可怜的李怡不是好端端的就从马上摔下来，就是在走路的时候突然摔跤，经常弄得鼻青脸肿，满身伤痕。而他呢，从来都只是默默地忍受着，一言不发。有一次，天下着鹅毛大雪，李怡和诸王宴饮后一起回府，他又一次从马上跌落，而且居然没有人"发现"这个意外。很快大雪就将他覆盖了。就这样一直到了第二天清晨，就在武宗暗自得意之时，一个鼻青脸肿、一瘸一拐的李怡出现在了他的面前。李怡就是这样，一直顽强地活着。

武宗英年早逝，后继无人，宦官们迫不及待地想找到下一个傀儡来继承大业，傻里傻气的李怡在他们看来再合适不过了，于是李怡被拥立为"皇太叔"，改名李忱，是为唐宣宗。韬光养晦了许久的宝剑终于要露出耀眼的光芒。一开始，宦官们对这个新上任的"傻皇帝"毫不在意，忧心国事的大臣们也因为这位"傻皇帝"而一筹莫展，操心着以后这国家可咋办呢？但是事实证明，他们错了。宣宗即位后谈吐沉着、言语爽朗，一点也不吞吞吐吐，而且对于国家典制、礼仪法律烂熟于心，处理政事井井有条，判断事物不仅果敢，而且有自己独到的见解，和昔日的"傻子"形象判若两人。史书上说，在他统治的这十三年里，知人善任，善于纳谏，为政清明，是不可多得的好皇帝。

宣宗上任的第一件事就是抹杀过去，将武宗所遗留的痕迹擦拭得一干二净。

自古以来，凡是虚心纳谏的皇帝很少是昏庸的

▲ 唐代绿釉双耳葫芦瓶

武宗最信赖的宰相李德裕可就遭了殃，他被罢相，一贬再贬，死于崖州。接着宣宗恢复佛教，会昌六年（846 年）宣宗命人在长安增添了八座佛寺，大中元年（847 年）又下令恢复在武宗时期被破坏的天下所有的佛寺。这可是需要不少钱财的，但是有什么能阻挡宣宗用这种方式来发泄自己对过去的不满呢？

　　宣宗是勤奋的。他登基不久就让人将《贞观政要》抄在屏风上，日日伫立在屏风前诵读；命翰林学士将唐太宗写的《金镜》日日读给他听；命宰相编了一部多达五卷的《具员御览》放在床头，日日查看以了解百官的姓名和官职；经常名为外出游猎，实则体察民情，将一方之地的好官名字记在心中，予以升迁奖励；就连宫里的杂役，宣宗也能把他们的名字记得清清楚楚。敢问有几位君王能做到如此细致入微的地步？

　　宣宗是强势的。旷日持久的牛李党争在宣宗时期偃旗息鼓，强势的宣宗再也不允许任何人在他的地盘上结党营私，挑战君威。当时有个宰相叫马植，有一天，马植在腰上系了一条华丽无比的宝玉腰带，宣宗一看，这不正是自己前些时候送给宦官马元贽（zhì）的吗？宦官马元贽是拥立宣宗即位的大功臣，宣宗自然对他各种恩宠与赏赐，这条宝物腰带就是其一。但是这条腰带为什么会戴在宰相马植的身上呢？马植说是马元贽赠与他的，宣宗听了，认为二人有结党营私的嫌疑，立即将马植罢相。

　　宣宗还是幸运的。在他统治的这十三年里，朋党斗争的现象没有了，皇帝的权力得到加强。而地方的藩镇，虽然名义上还是一个个独立的王国，但是毕竟也和唐王朝斗争了这么多年，元气大伤，在唐王朝的安抚政策下也不再肆意滋事，社会动乱的情况也得到改善。特别是河湟的收复，也算是宣宗的一个功绩。河湟地区（今甘肃西南部及青海东部）自安史之乱以后就一直被吐蕃所侵占，之后的历任天子都想收复该地但都没能实现。幸运的是，在宣宗时期，吐蕃爆发了大规模的内乱，人心涣散，社会动荡，宣宗趁此良机将此失地统统收复，大快人心。

令人感到痛心的是，宣宗晚年也迷恋上了长生不老的神话，即使他曾经亲眼看见武宗因服用金丹而死，但是依然控制不住自己的欲望。大中十三年（859年），宣宗驾崩，终年五十岁。

知识链接

唐宣宗的影响

因为唐宣宗期间的年号是大中，所以史学家都用"大中之治"指代宣宗时期，认为大中之治可与汉朝的文景之治相比，唐宣宗可与唐太宗和汉文帝一决高下。

唐太宗一手打造的贞观之治将唐朝推向了盛世，但唐宣宗的成就居然可以和贞观之治相提并论，可见唐宣宗的过人之处。

黄巢起义

好的时光总是短暂的，宣宗走了，同样带走的还有大唐帝国短暂的安定与兴盛。黑暗将光明吞噬，在他之后继任的唐懿宗、唐僖宗骄奢淫逸，不思进取，贪图个人享乐，而不顾国家内忧外患。唐昭宗李晔虽有治国之志，但有奸臣当道，无力回天。将视角从天子转到平民，一场声势浩大的农民起义爆发了。这场农民起义从公元859年的裘甫起义开始，到公元884年的黄巢起义为止，长达二十五年，

▲ 唐懿宗

唐懿宗李漼，是唐朝最后一位凭借长子身份，并能在长安善终的皇帝。他虽然"器度沉厚，形貌瑰伟"，"洞晓音律，犹如天纵"，然而因为耽于玩乐，导致吏治更加腐败，唐朝岌岌可危，也使大中之治毁于一旦。他在位共14年，死时41岁。

波及范围达今日的山东、河南、江浙、福建、两广等十二个省，沉重地打击了唐朝的统治，加速了唐朝的灭亡。其中，以黄巢起义声势最为浩大。

黄巢，曹州宛朐（qú）（今山东菏泽）人，他出生在一个盐商家庭，从小就满怀鸿鹄之志。他五岁的时候，就做出了一首诗，诗中写道："飒飒西风满院栽，蕊寒香冷蝶难来。他年我若为青帝，报与桃花一处开。"理想总是美好的，而现实中长大后的黄巢多次参加科举都没能中第。

时至唐僖宗乾符元年（874年），关东遭到大旱，老百姓们颗粒无收，政府还强逼着他们纳税服役，无异于火上浇油。黄巢决定，反了！他拉起大旗，和同样是个盐贩子的王仙芝遥相呼应，一起反唐。而王仙芝呢，是个意志极其不坚定的人。

随着起义军的规模越来越大，朝廷玩起了惯用的伎俩——对王仙芝进行招安，要封他为神策军的将领。这对于王仙芝来说可是件大好事，一下子就能从一个土匪头子摇身一变为一个朝政要员了，高兴得合不拢嘴。

接着，一记拳头就打得他血流满面，这正是黄巢给他的。透过被鲜血弥漫的双眼，王仙芝不仅看到了愤怒的黄巢，还看到了黄巢身后无数愤怒的弟兄们。最终，王仙芝没有答应朝廷的招安，但是与黄巢也就此决裂，分道扬镳了。

乾符五年（877年），王仙芝为唐军所杀，残留下来的将士们都投靠了黄巢。黄巢在众人的推举下称黄王，号冲天大将军。

两支军队的汇合让黄巢的势力越来越强。起义军首先北上，攻克沂、濮（pú）二州，接着欲窥东都洛阳，由于唐军调重兵不成又引兵南下，攻克福州，接着又攻占了岭南重地广州，在南方调整休息两月后，挥军北伐，直指关中，公元880年攻下东都洛阳。

黄巢命令自己的部下在洛阳城内不许滥杀无辜，烧杀抢掠，要善待百姓，因此有很多人慕名而来加入黄巢的

中国历史上的农民起义，目的是消灭压迫，过上衣食无忧的好日子。但农民起义军一旦掌握政权，占有了大量财富，便开始军纪败坏，最终失败

起义军。黄巢的步伐并未停止，未在东都逗留许久，又转旗西指，一举突破潼关天险，攻下京师长安。公元881年，黄巢在长安即位为帝，国号大齐，改元金统。

但是黄巢在这之后却表现得不那么明智了，这也是这场声势浩大的农民起义最终失败的原因。在成功占领长安并登上了皇帝的宝座后，黄巢变得懈怠与不思进取，整日忙着打理自己新建的政权，忘了自己的处境其实仍危机四伏。

他没有及时追赶向成都逃窜的僖宗，使得僖宗有喘息的机会，迅速在成都地区集结兵力，杀了一个回马枪。此外，黄巢还没有考虑到给自己的政权以经济支持，他放弃了盛产粮食、丝绸的江淮经济重地，拱手让给了唐僖宗，喂饱了唐军，却给自己留下了危机。

公元882年，唐僖宗反攻，黄巢的部下朱温叛敌，加上援助唐军的力量中，有李克用的沙陀军这样的劲敌，无奈之下黄巢只能退出长安，屡战屡败。公元884年，黄巢亡，历时九年的农民大起义也拉上了帷幕。

黄巢的那一首《不第后赋菊》这样写道："待到秋来九月八，我花开后百花杀。冲天香阵透长安，满城尽带黄金甲。"这首诗尽显英雄气概。人总是会犯错误，有的错误来得及改，有的错误却再也来不及了，比如黄巢这次所犯的错误。

虽然这场农民起义最后归于失败，但它还是给了苟延残喘的唐王朝致命一击。

朱温灭唐

唐哀帝李柷（chù，892—908年），是唐朝的最后一位皇帝，一生都活在风雨飘摇、兵荒马乱之中，年仅十三岁就成了一个傀儡皇帝，在位仅三年就被废，年仅十七岁就被杀害。十七岁正值我们青春美好的年龄，李柷却与这个世界说再见了。李柷不仅英年早逝，也承载着亡国骂名，不得不说，他这一生是极其可悲的。

是谁让李柷成了一个傀儡皇帝呢？我们就得说一说那个叫朱温的黄巢叛将。朱温自小家世不好，寄人篱下才得以长大，为人狡猾懒惰又争强好斗，黄巢起义后投奔黄巢，很快就成了黄巢军中的一员大将。在朱温和唐军的一次较量中，朱温久战不胜，这时，他的谋士对他说："黄巢就是一介平民，他能占领长安完全就是赶上了唐朝衰乱之机，而不是靠着自己的能力，这样的人不值得你长期依附他。现在唐朝的天子待在蜀地，各路兵马又进逼长安，说明唐朝气数未尽，你应该做出明智的选择。"这些话可算是说到了朱温的心坎里，忠心耿耿哪能比自己的前途更重要呢？于是，他率部投降，僖宗喜出望外，还高兴地赐了朱温一个名字叫"朱全忠"，历史证明，这个名字可一点也不符合朱温的所作所为。唐朝平叛了黄巢

◆ 知识链接

受制于人的唐昭宗

朱温秘密将唐昭宗身边的侍从、太监等200多人杀死，换成长相相似的亲信。唐昭宗起初没有觉察到，后来才明白这些都是朱温的人。唐昭宗最终被朱温毒死了。

▲ 打死门客的朱温

有一天，朱温带着幕僚和游客在大柳树下纳凉，朱温说道："这棵大柳树可以做车毂。"大家相互对望，默不作声。

这时，有几个门客附和道："对，做车毂再好不过了。"朱温听后大怒："书生们就喜欢附和别人，你们就是这种人！车毂必须要用榆木，怎么能用柳木呢！"他对身边的侍卫喊道："你们还在等什么！"

他的侍卫把所有说"可以做车毂"的门客当场打死了。

起义，朱全忠以平叛有功，手拥重兵，成为唐朝朝中不容小觑的一支势力。

为了巩固自己的地位，朱全忠首先将那些危及自己的宦官们全部杀死，不论是朝中的还是各地藩镇的，皆无一能幸免。这一举措残忍恐怖，但是在另一方面也解决了数十年来唐朝宦官专权的问题。昭宗即位后，为了牢牢控制昭宗，朱全忠又提出让皇上下令迁都洛阳的要求，长安的居民若有不从者一律斩首，将长安的宫殿和房屋都一一拆毁，把拆下的木材投入渭河，连河道都堵塞了。官兵们押着迁往长安的百姓，一路哭声遍野，大家都骂朱全忠是个"国贼"。到了洛阳，朱全忠又看昭宗也不顺眼了。天祐元年（904年），他派心腹将昭宗杀死。当别人来报告他昭宗被人杀害的消息时，他还装出一副毫不知情的样子，假装为昭宗的死痛心疾首，嚎哭不止，说道："该死的家奴，竟然背着我做这种事，让我背

大刀带有长柄，将士骑在马上挥舞大刀，更能发挥出其优势。

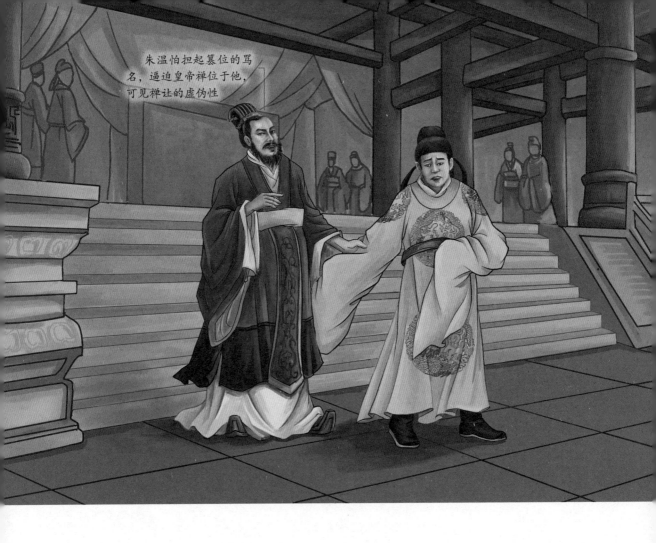

朱温怕担起篡位的骂名，逼迫皇帝禅位于他，可见禅让的虚伪性

负千古骂名！"可见，朱全忠不仅是个心狠手辣的臣子，还是一个演技出色的戏子。随后，他又在洛阳宫中的九曲池大摆宴席，宴请昭宗的九个儿子们，谁知这是一场鸿门宴，朱全忠残忍地将九王统统勒死，投尸九曲河中。不久，他又将朝中有名望的三十多个大臣一夜之间全部杀害，投入黄河之中，是为"白马之变"。心狠手辣至此，不知道多少人成了他欲望之剑下的冤魂，最终他登上了相国的位置，朝廷之中他得以为所欲为，把唐哀帝变成了自己的傀儡。

傀儡是朱全忠想要的吗？并不是，他想要的是自己可以坐上皇帝的那个宝座。皇位就像一朵美丽的食人花，多少人艳羡于它，又多少人丧命于它。朱全忠才不管，他要先得到再说。可是问题来了，该如何登上皇位呢？如果杀掉哀帝，自己登基，干脆利落，但是会背上弑君篡位的骂名；如果皇帝肯禅让于他，那就可以保全自己的名声。虽然朱全忠已经毫不眨眼地杀掉那么多人，也许早就在史家那里换不来什么好的名声了，但他权衡了一下，还是选择用威逼利诱的方式逼李柷禅位于他。天祐四年（907年），被逼无奈的哀帝昭告天下，把皇位让给朱全忠。朱全忠即皇位，改元开平，立国号为梁，史称后梁，朱全忠是为梁太祖，大唐于此正式退出了历史的舞台。

▼ 唐代三彩西瓜

那么唐哀帝李柷的下场如何呢？朱全忠称帝后，封李柷为济阴王（今山东曹县），开平二年（908年），就派人将李柷杀死。可怜的李柷也仅仅十六岁而已，朱全忠为了权力最终也没能放过他。

历时二百九十年的大唐帝国，予人以一段段荡气回肠的传奇故事，予人以一幕幕璀璨夺目的盛世繁华，予人以一声声无可奈何的扼腕叹息，历史是有生命的，朝代的循环往复正如生命的生老病死，令我们为之神往，为之动容。

闯关小测试

➡ 1. "小太宗"是指（ ）

    A. 李治   B. 李纯   C. 李忱

➡ 2. 唐末的农民起义军中，势力最大的义军首领是（ ）

    A. 裘甫   B. 黄巢   C. 王仙芝

➡ 3. 哪位皇帝将朱温的名字改为朱全忠？（ ）

    A. 唐僖宗   B. 唐昭宗   C. 唐哀帝

参考答案：1. C 2. B 3. A

五代十国

历史的车轮滚进了一个新的阶段——五代十国时期。从朱全忠建立后梁（907年）开始到宋太祖赵匡胤建立宋朝（960年）为止，这是一段长达五十三年的动荡时期，也是中国历史上一次大规模的分裂割据时期。五代指的是梁、唐、晋、汉、周，但因为这五个国号之前均被用过，所以在前加"后"字来加以区分，即后梁、后唐、后晋、后汉、后周。但这五个政权所控制的地盘并不大，除了它们，这一时期还存在着前蜀、后蜀、吴、南唐、吴越、闽、楚、南汉、南平、北汉等十个政权，故称"五代十国"。接下来，让我们看看这个时期的政权是如何更迭的吧！

 后梁

朱全忠建立政权后，来归附他的人很少，可以说，他是自己封自己当了皇帝。像河东李克用、凤翔李茂贞、西川王建等藩镇的节度使都不承认他的政权，王建甚至还在同一年建立了前蜀政权，与之对抗。即便有一些口头上承认了后梁政权的，如吴越钱镠、湘楚马殷等，也没有真正把后梁放在眼里，这样的外部环境对后梁的统治极为不利。于是，梁太祖朱温一心求治，希望平叛各地，一统天下。虽然他在政治、经济、法制上都提出了对应的发展生产、恢复经济、稳定秩序的措施，但由于国家分裂割据，战乱连连，这些措施都没有起到应有的效果。

朱温在位时主要做的一件事就是与晋王李克用争霸，从建国起，就与李克用父子大战三百回合，欲一决高下。二人有何仇呢？这还得从黄巢起义那时候说起。朱温为了答谢李克用出兵助他平定叛乱，特意在上源驿摆了一桌好酒好菜答谢李克用，这时候的朱温三十二岁，李克用二十八岁，都是而立之年，年轻气盛。在酒桌上李克用仗着自己有恩于朱温，大出狂语，根本不把朱温放在眼里。被比自己年龄还小的人这样不尊重对待，朱温可咽不下这口气，当天晚上就派人包围驿站，想要斩草除根。跟随李克用的三百名士兵都被杀害，只有李克用侥幸脱险。李克用回到营中，深觉委屈，大骂朱温这个忘恩负义的小人，自己救他了居然还要杀自己！他抱着他的妻子痛哭，打算第二天回去杀朱温个片甲不留。而他的妻子是个明智的人，劝谏他说："如果此时带兵攻朱温，只怕我们反而理亏啊，不如奏请朝廷，共同讨伐朱温。"李克用把这事拿到朝堂上一说，没想到朝中大臣都倾向于朱温，唐僖宗也只是云淡风轻地让他二人和解，敷衍了事。没有办法，李克用也深知自己羽翼未丰，只能忍气吞声，但是在心里，他与朱温势不两立。唐末时期二人已经发展为割据一方的两大敌对势力。朱温称帝建梁后，李克用仍坚持用唐天祐年号，以示复兴唐朝、与朱温势不两立的决心，但是第二年就病死了。

但是他还有个儿子，叫李存勖（xù），这也是个风云人物。临死前，李克用把儿子叫到病榻前，告诉他自己的三个遗愿，分别是：第一，国仇家恨灭朱温；第二，了结与恩将仇报的刘仁恭的恩怨；第三，击败耶律阿保机。每说完一个遗愿，李克用就递给儿子一支长箭，并对儿子说，一定要帮他把这三个愿望完成，完成后把这三支箭交回祖庙，以告自己的在天之灵。于是，李存勖背负着父亲的重任，即位为晋王，开始了戎马一生。

李存勖在打仗这方面颇有成就。即位后，他先整肃军纪、解决内患，然后立派大将周德威率军前往潞州（今山西长治），攻打梁军。由于朱温轻敌，李存勖

分兵进发，善用计谋，利用晨雾，一举拿下潞州，梁军大败。接着，由于受到朱温的怀疑，镇州、定州的将领向李存勖求援，共同抗梁，又取得了柏乡之战的胜利，大挫梁军锐气。公元912年，朱温又带领号称五十万大军北上伐晋，当他们日夜兼程赶到观津冢（今河北武邑）时，侦察兵突然来报，李存勖带兵来了！朱温可能是败仗打多了，顾不得虚实，连帐篷都来不及收就赶紧逃跑，逃到了枣强（今河北枣强）。哪知黄昏时分，朱温的营帐又遇袭，吓得朱温屁滚尿流地逃跑，连夜火烧营帐。可笑的是，其实袭击他的只是李存勖的数百名小将而已，并不是大军杀来。知道真相的朱温，恼羞成怒，回到洛阳后一病不起。

朱温自知命不久矣，便开始筛选继承人。朱温的长子叫朱友裕，战功赫赫，有才有德，是再合适不过的人选了，无奈已经死去多年了；二儿子朱友文，是个养子，对理财颇为精通，朱温对他非常赞赏；三儿子朱友珪虽在亲生儿子里最为年长，但他的母亲只是一个地位卑贱的军妓而已；四儿子朱友贞为朱温与最爱的张夫人所生。朱友珪在听闻父亲有意传位于朱友文时，决定铤而走险，弑父夺位。当朱友珪带来的士兵包围了朱温的寝宫时，朱温说："你这个逆子，竟然敢谋反！"朱友珪说："我不是谋反，我是替天行道，诛杀你这个篡唐的反贼！"说着派手下挥刀砍死了朱温。朱友珪和他的父

◆ 知识链接 ◆

周德威智擒陈章

陈章是梁军中有名的骁将，扬言要生擒周德威。李克用告诫周德威要小心，周德威却毫不在意，反而告诉部将："战场上如果看到陈章，你们只管假装逃跑。"

两军交战时，陈章策马前来，周德威的部下都依计假装败退。陈章忘乎所以，加快速度追赶。周德威化装成士兵，夹杂在队伍中，忽然从陈章背后杀出来，一锤将他打倒在地，生擒了他。

▼ 五代越窑青瓷双耳釜

亲一样，心狠手辣，连杀人的借口都找得冠冕堂皇。

朱友珪将朱温杀死后秘不发丧，矫诏朱友文谋反，可怜的朱友文也惨死了。这时候朱友珪才发布朱温已死的消息，还称朱温临死前将皇位传于自己，自己只好勉为其难地接受了。但是天下没有不透风的墙，他弑君杀父的消息还是传了出去，一时间闹得沸沸扬扬。不仅朝中乱，天下也乱。先是匡国军马步都指挥使张厚作乱，接着又是魏博杨师厚夺罗周翰节度使之位，后来护国节度使冀王朱友谦叛乱，短短几个月，朝内朝外乱成一团。最终，还是朱温四子朱友贞结束了这场混乱，朱友贞与杨师厚联手杀掉了朱友珪，即位为帝，是为梁末帝。

朱友贞处心积虑地当上了皇帝，却并没有考虑自己有没有这个能力，后梁在他的手中一步步走向衰败。他即位后，对拥立有功的人大加赏赐，本就因为长期

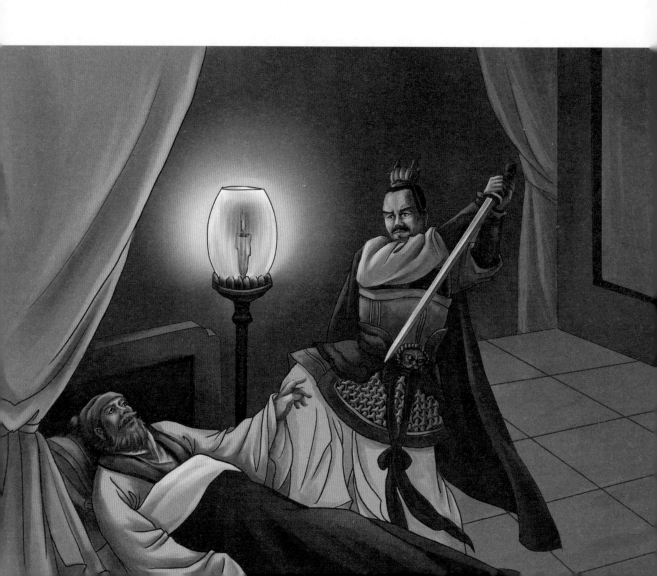

的军费开支而紧张的财政更加入不敷出，朱友贞任用了大量的贪官污吏搜刮民脂民膏，导致社会矛盾迅速激化。

而魏州一战使得后梁元气尽失。杨师厚以拥立有功，手握重兵，而目无君主，好在朱友贞登基没几年他就死了。杨师厚死了，朱友贞终于有胆子去管一管魏博的事情。魏博地区集结了许多骁勇善战的兵将，离心力强，对朱友贞来说是个不小的威胁。于是，朱友贞决定趁其军中无主之机，实行分裂的计划。他将其分为天雄、昭德两镇，兵将、军资也一分为二。魏博的将士们生活得好好的，突然就要背井离乡，互相分离，一时间接受不了，发动了兵变。他们劫持了新上任的节度使，然后一起投靠了晋王李存勖，请求让李存勖来接管魏博。这对于李存勖来说可真是一块送上门来的肥肉，无异于如虎添翼，不仅可以获得大量训练有素的强兵强将，还不费吹灰之力就拿到了军事重镇——魏博，直接威胁着后梁的统治中心汴梁。有人欢喜有人忧，这对于朱友贞来说，真是偷鸡不成蚀把米。他立即派大将率兵夺回魏博，不出所料，梁军大败。当战败的消息传回汴梁时，朱友贞感叹："吾大势去矣！"这个时候朱友贞还是对自己的处境认识得挺清楚的。

此后的战事中梁军依然节节败退，不仅丢了河朔（黄河以北地区），在杨柳（今山东东北部）一带的夹河大战也遭惨败。龙德三年（923年），李存勖兵临开封城下，生擒梁大将王彦章，梁宗室全部被诛杀，后梁灭亡，共历三帝，达十七年。

◆ 知识链接 ◆

杨师厚与"银枪效节军"

杨师厚被称为后梁最优秀的将领，李存勖不敢进攻河北，就是因为忌惮杨师厚和他创建的"银枪效节军"。

杨师厚死后，朱友贞准备将魏州一分为二，瓦解杨师厚的旧部。岂料"银枪效节军"转而投降了李存勖，后梁因此丢失河北，很快就亡国了。杨师厚受后人尊崇，被封为西齐王。

▼ 五代禽兽纹银瓶

后唐

龙 德三年（923年）四月，李存勖在魏博称帝，沿用唐朝国号，建元同光，定都洛阳，是为唐庄宗。李存勖没有按照传统把自己的王号"晋"定为国号，而且一直沿用唐昭宗的年号"天祐"，一来为了标榜忠孝，收拢人心；二来为了强调自己的政权合乎正统，以巩固统治。后唐是五代十国时期版图最为辽阔、统治较为兴盛的一个时期。

李存勖（885—926年），小名亚子，还有个艺名叫李天下，出生在晋阳（今山西太原），是西突厥沙陀部人。祖姓为朱，他的祖父朱邪赤心因助唐有功被唐朝天子赐名为李国昌。而他的父亲就是大名鼎鼎的李克用，因灭黄巢有功被封为晋王，晋王的名号也就传给了李存勖。李克用对这个儿子十分器重与喜爱，李存勖五岁的时候，他就对人夸赞道："二十年后，我儿将代替我驰骋疆场！"

李存勖

但是，李存勖是个善于打天下却不善于治天下的人。俗话说，疾风知劲草，而温室里的花朵生命力总是不那么顽强。没有了敌人，李存勖渐渐失去了斗志，注重享乐，骄奢淫逸。他宠信伶人，任用宦官，冤杀大将，搜刮百姓，历史告诉我们，每当一个王朝的君主如此，这个王朝离末日也不远了。

而李存勖本人也在一场兵变中丧命。

当时，魏博将士由于对李存勖的做法不满，发动了兵变。李存勖派李嗣源前去平定叛乱，李嗣源长期受李存勖的猜忌，趁机造反。不得已，李存勖亲自带兵去讨伐李嗣源。哪知今非昔比，他再也不是当初那个英勇威猛、受人尊敬的晋王了。行军途中，李存勖自己的士兵纷纷跑到了李嗣源的阵营里。李嗣源兵力越来越强，掉头打进开封，直逼洛阳，李存勖赶紧回巢搬救兵，兵变就在这时候发生了。兵变的头头竟然是个戏子，这个戏子叫郭从谦，是专门给李存勖唱戏的，他不仅唱得好，身手也好，于是李存勖让他做了亲兵的首领，没想到在自己身边安了个炸弹。郭从谦带着士兵们来到李存勖的营帐的时候，李存勖还在享受自己丰盛的早餐。营中顿时乱作一团，李存勖还没来得及逃跑，就被一支箭射中，没多久就咽气了。

　　唐庄宗李存勖死了，叛军的头目李嗣源代替他统治后唐，是为唐明宗，他是后唐的第二位皇帝，在位七年时间，也是五代时期的君主中在位最长的一个。李嗣源（867—933 年）也是沙陀人，是李克用的养子，李嗣源这个名字也是李克用赐给他的。李克用有很多养子，李嗣源无疑是最出色的那一个，行军打仗，身先

士卒，所向披靡，人称"李横冲"。别的将军们自吹自擂，他只说："此辈以口击贼，我以手击贼。"唐庄宗即位的时候，李嗣源以战功任横海节度使，又助李存勖灭后梁，拜中书令。但是这样出色的他自然会遭到李存勖的猜忌与怀疑。时值他带兵反李存勖，李存勖却被杀了，洛阳大乱，于是李嗣源被文武百官迎回洛阳，公元 926 年继任为帝。有人建议他更改国号，他说："我自幼随李存勖父子出生入死，驰骋疆场，历尽艰险。武皇（李克用）的基业就是我的基业，先帝（李存勖）的天下就是我的天下！"于是，他继续沿用后唐的国号，改年号为天成。

李嗣源统治下的后唐被后人称作五代的"小康时期"。他即位初期，经济凋敝，百废待兴，百姓穷苦，财政匮乏，为了扭转这种局面，他采取了一系列的措施。后唐在这一时期府库充实，粮食充足，李嗣源也是一个在乱世之中难得的明君。但李嗣源也深知，去时政之弊，是一件多难的事情。他曾经在夜里焚香，祈祷道："我就是个凡人，哪有治理天下的能力呢？这世道混乱已久，希望上天能早日诞下圣人来平复这一切！"

长兴四年（933 年），唐明宗李嗣源病逝，继任的是他的第三子李从厚，是为唐闵帝。为什么不是长子李从荣呢？因为李嗣源病重之时，李从荣谋反未遂兵败被杀。唐闵帝李从厚（914—934 年），小名菩萨奴，从这个名字就可以看出他是一个非常宽厚、顺从的人。他即位时只有十九岁，仅仅在位四

知识链接

李存勖感叹朱友贞

朱友贞所率的军队连吃败仗，李存勖挥师攻入东京，听到朱友贞已自尽，仰天长叹道："古人说，两个人的恩怨，跟孩子没有关系。唐梁两国的一切仇恨，皆是朱温一人造成的，和朱友贞无关。我和他苦战十年，只恨在他活着时，我们居然没有见过一面。"

"李亚子"的由来

李存勖 11 岁时，随父亲李克用讨伐王行瑜，之后向唐昭宗报功。唐昭宗很欣赏李存勖，轻抚他的脊背说道："我儿以后肯定是国家的栋梁之材，别忘了为大唐尽忠尽孝啊！"后来，唐昭宗称赞他"可亚其父"，就是说李存勖能超过自己的父亲，让父亲屈居亚军。李存勖从此得名李亚子。

个月就被人拉下台，二十一岁就被人毒死。

　　毒死他的人就是李嗣源的养子李从珂，也是后唐的最后一位皇帝——唐末帝。李从珂即位（934年）后，改元清泰。唐末帝李从珂（885—937年）本来姓王，改姓为李，要说是李嗣源的养子，也不是心

甘情愿当的，是因为他的母亲魏氏被李嗣源抢去当妻子了，他才成为了李嗣源的养子。但是他长大成人后，身材壮硕，作战骁勇，李嗣源很喜欢他。年轻的闵帝即位后，对他很不待见，李从珂也不想再容忍，当闵帝派来讨伐他的兵马集结于凤翔城下时，李从珂登上城楼，演了一场出色的"苦肉计"。他对城下的士兵们哭着喊道："我还不到二十岁就跟随先帝四处征伐，出生入死，伤痕累累，帮助先帝成就丰功伟业。如今后唐天子被奸臣污吏所迷惑，派兵来残害骨肉，试问我何罪之有！"一番声泪俱下，众将士皆为之动容，纷纷弃甲归之。于是李从珂带着兵马，一路搜刮百姓犒劳自己的士兵，来到了洛阳。黑云压城城欲摧，洛阳城内的闵帝的皇位也坐不住了，李从珂就这样当了皇帝。

末世皇帝李从珂在位时，并不懂得如何治理国家，只是一味地搜刮老百姓的钱粮给自己的士兵，而这些养尊处优的将军士兵们也没有做好自己的本职工作，并没有好好地帮助李从珂保住他的江山。

石敬瑭（892—942 年），也属沙陀族，曾是李嗣源的亲兵将领，因讨李嗣源的欢心还被招为女婿，李嗣源称帝时，石敬瑭权倾朝野，掌握了河东地区的军政大权，被封为"开国公"。唐末帝李从珂即位时，石敬瑭就开始谋划叛乱之事了。清泰三年（936年），石敬瑭给李从珂上了一道表，说："皇上，按身份来讲您是先帝的养子，根本没有继承皇位的资格，应该趁早让位给先帝的亲儿子许王李从益。"李从珂看了之后，气得直跳脚，一把将表章摔在地上，

◆ 知识链接

李克用有多少养子？

李克用的养子非常多，大多英勇善战，史书明确记载的有九个，分别是李嗣源、李嗣昭、李嗣本、李嗣恩、李存信、李存孝、李存进、李存璋、李存贤。

除去菩萨，扶立生铁

潞王之乱时，李从厚重赏禁军军士，许诺平乱后每人再加赏钱二百贯。他还表示，如果府库不足，便用宫中锦帛珍玩变价补充。禁军军士却纷纷投降李从珂，希望能获得更重的赏赐。

但李从珂称帝后，却因府库空竭减少了对禁军的奖赏。凤翔两军阵前归附的禁军军士每人仅得赏钱二十贯，京中禁军更只有十贯。禁军军士皆失望无比，后悔地道："除去菩萨（李从厚小字菩萨奴，而且宽仁软弱如菩萨），扶立生铁（李从珂严苛刚强如生铁）。"

下诏削去石敬瑭的所有官爵，命张敬达挂帅出征，讨伐石敬瑭。

说了大话的石敬瑭却并没有做好迎战的准备，他的造反并没有形成天下应的局面，眼见张敬达攻破太原城指日可待，他选择了向契丹求助。在写给契丹的信中，他开出以下几个条件作为契丹出兵的筹码交换：一、请求向契丹称臣；二、请求以父礼事契丹首领耶律德光；三、事成之日，愿意割让整个卢龙军镇以及雁门关以北诸州给契丹。这个条款，不仅要向契丹称臣，还要给契丹叫爹！而石敬瑭似乎一点也不觉得这是奇耻大辱。耶律德光也觉得挺好的，九月亲率五万骑兵来援。毫无疑问，后唐大败。

清泰三年（936年），唐末帝自焚而死，这个李存勖用百战艰辛得来的天下也于十三年后灭亡了。

后晋

在契丹部的帮助下，石敬瑭身着契丹服饰在太原城接受耶律德光的册封，改年号为天福，改国号为晋，是为后晋高祖（也被人称为"儿皇帝"），改清泰三年（936年）为天福元年。而且他与契丹定下盟约：石敬瑭认比自己还小十岁的耶律德光为父亲；后晋向契丹称臣；割燕云十六州给契丹；每年向契丹贡献布

作战勇猛的李从珂

天祐十八年（922年），李存勖的军队和后梁的军队在黄河岸边作战，当梁军后退时，李从珂居然带领十几名骑兵混入敌军，即将到达敌人的营寨大门时，李从珂一声怒喝，接连杀死几个敌兵，并用斧头砍断敌人的瞭望杆，然后从容地返回营寨。李存勖见此情景，大声叫道："壮哉，阿三！"并派人取来美酒，亲手倒满一大杯。李存勖自己就爱冒险，李从珂在战场上的壮举令他十分满意。

但是，李从珂打仗厉害，治理国家却毫无作为。即位后，为了奖赏拥护自己称帝的部下，他竟然督促官吏搜刮民财，令百姓十分失望。他还任用卢文纪等庸才为相，使国事日益败坏。

▼ 五代越窑青釉刻花钵

帛三十万匹。

石敬瑭在历史上是个被冠以千古罪人名号的人，就是因为他与契丹所立下的这些盟约。马背上的部落乃是虎狼之兵，不是投喂一两块骨头就能使其满足的。后晋唯契丹马首是瞻，给钱给地给笑脸，不仅增大了财政赋税的压力，而且还默许契丹兵以"父皇"的身份在中原地区大肆掠夺，造成了社会动乱。特别是北方门户——燕云十六州的割让，使得后晋将广阔的腹地向契丹敞开，一旦契丹出兵，中原王朝将无处躲藏。

石敬瑭对契丹好，耶律德光却不把石敬瑭放在眼里。石敬瑭一再地委曲求全，笑脸相迎，每次派到契丹的使者都受尽凌辱，而契丹派来的使者动不动就骂后晋的大臣，石敬瑭也不敢发火，仍然毕恭毕敬的，满朝上下都以此为耻。天福七年（942年），吐谷浑部落因为不愿被契丹统领，便投靠了河东节度使刘知远，耶律德光非常生气，派遣使者来责问石敬瑭。一面是自己的"父亲"，一面是自己手握重兵的大臣，哪一个也得罪不得啊！石敬瑭日日忧郁，竟然患了重病，当年就病死了，终年五十一岁。

石敬瑭死了，接下来即位的是齐王石重贵，是为晋出帝，也是后晋的最后一位皇帝。石重贵（914—964年）是石敬瑭的侄子，石敬瑭死的时候本来是嘱咐宰相冯道拥立其子石重睿为帝的，但是连自己的宰相也背叛了他，冯道与执掌禁军的景延广自作主

▲ 石敬瑭

石敬瑭是后晋开国皇帝。他年轻时不善言谈，老实持重，喜欢读兵书。

石敬瑭当官后，他治理百姓喜欢用重刑，以起到杀一儆百的震慑作用。

有一次，一个小店的妇人和军士吵架，最后告到官府。妇人说："我在门外晒谷子，被他的马偷吃了许多。请大人为我做主。"军士连连喊冤，但又无法证明清白。石敬瑭说："他们各执一词，我怎么判断谁对谁错呢？来人，把马杀了，看马肠子里有没有谷子。有的话就杀军士，没有就杀妇人。"于是便把将马杀了，肠子里没有谷子，说明妇人在诬陷军士，想讹他钱财。石敬瑭当即下令处死那个刁蛮的妇人。

妇人虽然罪不至死，但这件事后，治安环境立刻好转，谁也不敢要赖欺负别人了。

张，称国家正值多难之秋，应立君主之人应该比较年长，于是拥立了石重贵即位。晋出帝在位还不到六年的时间，他在位期间，不事朝政，昏庸无能而又鄙俗下流，只顾自己玩乐，将朝中大事都交与景延广等人。而景延广这个人呢，十分强硬，非常看不惯契丹对后晋的作威作福，主张废除与契丹的君臣关系，宁愿称孙也不称臣，契丹当然很不满，景延广直接抛出了军事对抗的言辞。契丹本来就在等一个好好教训后晋的机会，早已蓄谋已久，既然景延广这么说了，耶律德光觉得也不能再客气了。

　　天福八年（943年），耶律德光亲率十余万契丹铁骑，大举南侵，这是后晋

国家交往中，言辞非常重要，很多时候看似不经意间的几句话，都饱含着外交策略的深意

◆ 知识链接

贡献很大的耶律德光

耶律德光是辽国第二位皇帝,公元927—947年在位。

耶律德光为契丹的发展做出了突出贡献,他的很多改革都促进了契丹政治和经济的发展。在政治上,他进一步完善了阿保机创立的管制,并使之系统化。他继续扩张契丹的领土,将契丹推向强盛。耶律德光在位期间,契丹的农业也发展较快。另外,契丹的民族文化发展迅速,达到了很高的水平。

▼ 五代青釉六系盖罐

与契丹的第一次交锋。后晋没有了燕云十六州,契丹军仅仅四天就攻占了后晋在河北地区的粮仓——贝州,后晋损失巨大。没有办法,石重贵给耶律德光写了封求和信,谁知信还没送出去,契丹军就兵临城下了。石重贵只得硬着头皮迎战。天福九年(944年)正月二十八日,刘知远首战告捷,于忻州大败契丹军;二月初一,耶律德光又采取从后晋军右翼突破的军事战略,欲从马家口渡黄河,石重贵立即派兵前往马家口,趁契丹兵渡河修筑营垒之时,又大败契丹兵;接着耶律德光又采取诱敌深入的军事战略,向后撤退并埋伏起来,谁知埋伏了十几天一个后晋兵也没看到,兵疲粮乏之时,耶律德光决定与后晋军正面交锋,双方在澶州(今河南濮阳)大战,从天亮战到天黑,契丹也没能攻破后晋军的防线,只得退兵。第一场交锋,后晋军胜利。

开运元年(944年,当年晋出帝变更年号)十二月,耶律德光按捺不住愤怒的情绪,又一次大举南下。正月,石重贵也又一次率军亲征,去迎战了。最开始,后晋军占据优势地位,先后攻下了泰州、满城、遂城三座城池,还俘虏契丹兵两千余人。接着,耶律德光帅八万大军前来,此时的后晋是完全可以迎战的,但由于胆小如鼠的后晋军首领杜重威不敢迎战,下令撤退,后晋军一路后退,被契丹军围困在白团卫村,看来似乎胜负已分,后晋军必败无疑了。但是,耶律德光的一个错误使得后晋军转败为胜。耶律德光命令部队主动出击，天公不作美，这一天刮起了大风，沙土飞扬，根本分不清敌我，趁此机会，后晋军再也不听杜重威的号令，奋起杀敌。契丹第二次南征也失败了。

开运三年（946年）七月，不服输的耶律德光又准备南下。这一次他变得聪明起来，使起了诈降的手段。他让一直投降于己的幽州节度使赵延寿给后晋送去一封信，称自己迫于契丹的淫威，有家难回，希望朝廷肯派兵里外接应，将契丹小儿赶出燕云十六州。这封信让后晋的皇上、大臣都非常感动，感觉收回燕云十六州的曙光就要出现了，当即命杜重威、李守贞等率军收复。而这一战就是败在了杜重威的手上。

后晋军到达瀛洲（今河北河间），只见城门大开，空空如也，杜重威听说契丹军已经引兵逃走了的消息后，便命令偏将梁汉璋去追，梁汉璋与契丹军相遇在淤口关（今河北霸州东），寡不敌众而亡。可恨的是，杜重威非但不增援救助，反而吓得赶紧后退。

耶律德光得知后晋已出兵，立即倾尽兵力直扑恒州（今河北正定）。杜重威退了一半，想想还是不能轻易失去恒州，否则河北要全线丢失，自己可担不起这个责任，便带兵前去恒州迎战。不去还好，杜重威好不容易勇敢一次还做了一个错误的决定。

双方在中渡桥（今河北正定东南滹沱河上）相遇，契丹军隔断了桥，后晋军与契丹军夹河对峙，本来双方势均力敌，但是杜重威畏敌如虎，不敢出兵，也不愿退兵，双方就这么僵持着。

契丹军见到后晋军这么怂，采取从后包抄的战略，从后面袭击了后晋军的粮道，攻下了他们身后的栾城，切断了后晋军的后路。被围困的后晋军插翅难逃，杜重威呢？只顾自己苟活，在这个时候选择了叛变，向耶律德光投降。耶律德光大喜过望，而后晋的士兵们听闻这个消息，全军痛哭，哀嚎遍野。第三次交锋，契丹大胜。

契丹军随即挥师南下，直捣汴梁（今河南开封），后晋灭亡。晋出帝石重贵和太后被抓，被押往东北建州苦寒之地，石重贵在那里煎熬了十八年，一直到公元964年才暴病身亡。

国家的都城一旦被敌人占领，很多时候就意味着国家灭亡，除非都城外还有主力军队

八朝古都——开封

开封有两千七百多年的悠久历史，是首批中国历史文化名城之一，也是中国八大古都之一。

后汉

五代时期的第四个朝代——后汉，也是这一时期历时最短的一个王朝，只有两任皇帝四年时间。后汉的建立者是后晋河东节度使刘知远。

后汉高祖刘知远（895—948 年），沙陀族人，河东太原人。刘知远小的时候家境贫寒又体弱多病，因备受歧视而性格内向，不好嬉戏。他长大之后长得又很奇怪，面色发红，眼白较多，看起来总是一副凝重的样子。为了改变自己的命运，他走上了从军的道路，投靠了李嗣源。他在打仗上还是有天赋的，不久就被提拔成偏将。在一次打仗过程中，石敬瑭正打得激烈，不料战马的马甲突然断裂，情况十分危急，刘知远二话不说，把自己的战马让给石敬瑭，并护送石敬瑭到安全的地方，石敬瑭被他的义气所感动，之后就一直与刘知远一起共事。

石敬瑭灭后唐，刘知远也是鼎力相助，忠心耿耿，二人可谓是天作之合。但是他也不是一个石敬瑭说什么就做什么的人，他对事情有着自己的独特见解与民族气节。比如石敬瑭对契丹认爹的这件事，他就对石敬瑭说："称臣可以，但是称爹就有点过分了。给他们充足的钱粮可以，但也没有必要割让土地给他们，恐怕日后会成为我们的大患。"但是毕竟不是主子，石敬瑭才不听他的话。后来，刘知远被任

▲ 刘知远

● 知识链接

臂力过人的景延广

　　景延广是后晋的大臣。他的父亲精于箭术，经常对他说："如果箭头不能射入铁中，就不如不射。"因此父亲对他要求非常严。在父亲的影响下，景延广的箭术高超，并且臂力过人，所用的都是硬弓。

　　然而景延广做官就远不如射箭了。耶律德光最后抓住了景延广，斥责他破坏两国关系，并施以酷刑。景延广不甘受辱，趁人不备时自杀身亡。

命为节度使，但是他耻于和胆小如鼠的杜重威共事，闭门不出，一度惹怒了石敬瑭。后晋的腐朽统治使得刘知远和石敬瑭渐行渐远，石敬瑭死后，刘知远的反叛之心愈来愈明了。

　　当时晋出帝与景延广主张与契丹军大干一场，远在河东的刘知远一言不发，暗自分析天下的形势，他看明白了渐失人心而又贪婪残暴的后晋王朝终究会被灭亡，而出兵南下、一路烧杀抢掠的契丹军不得人心，也迟早会被赶出去，此时正是应该以不变应万变。于是他在乱世中默默地发展自己的势力，以图称霸河东，成就王业。朝廷派他出征，他或置之不理，或逗留不前，手握重兵而不发一兵一卒。在他的精心经营下，河东镇变成了一个最强大的藩镇，兵马粮草充足，具备了反叛的实力。

　　再说耶律德光灭掉了后晋，本来答应了杜重威事成之后立他为皇帝的，但是耶律德光出尔反尔，开运四年（947 年）二月反而在开封自己当起了皇帝。可见皇位还真是个很诱人的东西啊！但是马背上的民族怎么可能熟知治理中原子民之道呢？他们只知道烧杀抢掠，并无大志，因此激起民愤。刘知远感叹："胡人入侵，中原无主，各地的藩镇都向契丹投降了，我为一方主帅，实在惭愧啊！"这句话的意思很明显，就是他很惭愧没有带领大家赶走胡人，奔向太平盛世啊！而各方志士、朝臣将士们也都听懂了他的弦外之音，军士们云集广场，大呼："能主天下者，

今唯有我王！"就这样，刘知远走上了皇位，开运四年（947年）二月在太原自立为帝，建立了后汉，仍使用石敬瑭时的年号，称天福十二年（947年）。

两个政权应该如何同时存在呢？这个事情刘知远根本就不用操心。耶律德光的契丹军的暴行引起了民众的反抗，他们拿起刀枪就和契丹军对着干，打得契丹政权不得一刻安宁。耶律德光也觉得怎么跟自己想象的皇帝不太一样，皇上不就是每天吃喝玩乐就行了吗？怎么会这么累？没过多久，他就找了个避暑的借口，带着文武百官和士兵们往回走，谁知道病死在了半道上。

耶律德光一走，刘知远就开始收拾那些投降契丹的小藩镇们了。他进军中原，攻伐依附契丹的藩镇，扫荡割据的诸侯，夺下开封，宣布以开封为国都。在他统治期间，普遍任用酷吏，实行严苛的刑法，刘知远也是五代中最严酷的君主。但是刘知远只做了一年的皇帝，就撒手而去了，终年五十四岁。

刘知远死后，刘承祐（930—950 年）即位，是为汉隐帝。刘知远生前有四位心腹大臣——苏逢吉、杨邠（bīn）、史弘肇和郭威，他在死前将儿子托付于他们，而汉隐帝即位的时候只有十八岁，年幼无知，朝政大权都由这几位大臣把持。而这些大臣们呢，不善国事，勾心斗角倒还挺在行，整日争权夺利，互相倾轧。独揽大权的宰相苏逢吉自成一派，是为"文党"；掌管内政要务的枢密使杨邠、掌管征伐军事的枢密使郭威和侍卫亲军都指挥使史弘肇也成一派，是为"武党"，他们都由小吏或武夫出身，文化程度不高，又沾染恶习，见面就吵，互相之间矛盾尖锐得很，还很不把汉隐帝放在眼里。比如刘承祐一讲话，杨邠就说："陛下您不用操心，凡事有臣做主就行了。"有一次，刘承祐赏给了一些伶人锦袍玉带，被史弘肇知道了，大骂道："战士们在前方辛苦征战，又能得到什么赏赐？你们做了什么凭什么能得到这些赏赐？"就把那些赏赐全部夺了回来，完全不顾及皇帝的面子。诸如此类的事情数不胜数。刘承祐也想反击，当时正值契丹屡犯北疆，河北各藩镇防守吃力，在苏逢吉的建议下，决定派枢密使郭威去镇守邺都（今河北大名），郭威出任邺都节度使，同时还兼任着枢密使的职务。然后刘承祐就与几个对武党不满的人一起密谋了诛杀杨邠、史弘肇之事，接着又下令将他们的妻子女儿、亲

▼ 五代青瓷执壶

戚朋友、侍从等全部杀掉。

正当刘承祐沉浸在自己终于做了一件大事的喜悦之中时，他也没有忘记那个重兵在握、远在北方的郭威，立即安排人做了精密的诛杀郭威的计划。可是这个计划还是被郭威知道了。郭威因带兵在外虽然逃过一劫，但也意识到了自己危险的处境，他将将士们召集起来，说："我和杨邠、史弘肇，追随先帝，披荆斩棘而得天下，又受先帝所托竭力辅佐幼主，而今他们二人已经归西，我怎肯独活？你们将我的人头砍去交与皇上，皇上或许可以不杀你们。"这个以退为进的策略用得好，尽显郭威的忠心耿耿和楚楚可怜。他的属下感动地说："皇上年幼，肯定是受了他身边小人的蛊惑，我们愿意跟随您去朝廷清君侧！"于是，郭威带领着部下以"清君侧"和"请罪"的名义南下，一路势如破竹，入滑州、抵封丘、逼大梁，刘承祐在混乱之中被箭射死，郭威听闻，还假意放声大哭道："这都是老臣的罪啊！"说完，就高高兴兴地带兵进城了。

郭威本来打好了算盘，没有皇帝，也没了夺权的大臣，自己肯定可以顺利当上皇帝了，甚至还把要怎么假意推辞的理由都想好了。但是没有一个人表现出想让他当皇帝的意思。按捺不住的郭威命人去向后汉的李太后请示："皇帝归天，国家军务繁忙，希望太后早日择立新君。"谁知，太后也不买他的账，让他从刘承祐的儿子里面挑选一个。郭威又跑去和大臣们商量，大臣们也闭口不提他，都推举武宁节度使刘赟（yūn）。郭威的脸皮薄，又不好意思

知识链接

手段强硬的史弘肇

刘知远临死时，将儿子托付给了史弘肇和苏逢吉、郭威、杨邠、王章等大臣。

史弘肇兢兢业业地担当起了顾命大臣的责任，在河中、凤翔、永兴三地将领叛乱时，后汉派兵前去讨伐，但京城里的人却十分惊慌，各种流言肆意传播，京城的治安急需整顿。史弘肇当时掌管禁军，负责京师的治安，他手段强硬地处罚那些散布流言的人，有时在大街上遇到这些人就地正法，连续杀了很多人。那些伺机作乱的地痞无赖都不敢上街，躲在家里，路上别人丢的东西也没人敢随便去拾。

史弘肇辅政后的铁腕手段也产生了一些弊端，因为他严酷无情，百姓犯一点过错就被处死，根本不问罪的轻重，致使被冤枉的人家也很少去申诉，害怕再被牵连。

▲ 爱学习知识的郭威

郭威是五代十国时期后周王朝的第一位皇帝。他即位后，倡导节俭，纳谏如流，改革吏治，推动了北方地区的政治经济形势日益好转。

与其他军人不同，郭威不仅看到了武力征伐的重要性，还看到了知识的力量，尤其是兵书。他抽空就拿着书看，有些文化的李琼看他爱学习，就把自己手中的兵书《阃（kǔn）外春秋》推荐给他。李琼说："以正治国，以奇用兵，这本书里就记载了许多存亡治乱、贤愚成败的事例。"郭威一边看一边让李琼教他，非常喜欢这本书，此书对郭威的影响非常大。

直说自己想当皇帝，只好派人去迎刘赟回来。而事情又发生了变故，士兵们像突然想通了似的，想到自己攻陷京城、屠杀百姓、掠夺钱财，犯下种种罪行，如果还让姓刘的当皇帝，他能放过自己吗？于是在一天早上，他们集结在郭威的营帐前，集体拥郭威为帝。郭威对此毫不知情，心里乐开了花，但还是要掩饰住内心的喜悦，表现出扭扭捏捏、极不情愿的样子，以示自己是在不得已的情况下"违心"地当上了皇上。李太后被逼无奈，下达诏令，宣布废除刘赟的帝位，降为湘阴公。

乾祐四年（951年），李太后将皇帝玉玺交给郭威，后汉正式灭亡。

 # 后周

混乱血腥的五代历史，终于走到了最后一个王朝——后周。广顺元年（951年），郭威称帝，改国号为周，改年号为"广顺"，是为周太祖。

郭威，字文仲，邢州尧山（今河北隆尧）人，他还有个名字叫"郭雀儿"，因为他的脖子上刺有飞雀。他人高马大，身材魁梧，年轻时追随潞州的李继韬行军打仗，几番辗转，后来成了刘知远的手下，后来代替了刘知远的儿子做了皇帝。郭威在任时，面对满目疮痍的国家，在防御契丹的同时，将精力主要用在了内政的改革上。他提倡节俭，废除苛捐杂税，减轻刑罚，惩治贪官污吏，此外还兴修水利，发展工商，创造条件发展生产。他曾说："我在贫苦的家庭中长大，吃尽了苦头，长大后又遭逢战乱，如今成了皇帝，怎么敢自己贪图享受而置天下百姓于不顾呢？"在他的治理下，后周朝表现出一股清明之气。广顺四年（954年），周太祖郭威因病去世。

其实每当提及后周时，人们最为熟知的还当属周世宗柴荣。柴荣（921—959年）是郭威的养子，他的亲生父亲叫柴守礼，社会地位低微，又挣不到什么钱，于是柴荣就去投靠了嫁给郭威的姑妈，和姑妈一起生活。仪表堂堂、言行谨慎的柴荣很受郭威的喜欢。后汉初年，柴荣因为郭威的关系被任命为左监门卫将军；后随郭威出镇邺都，掌管郭威的亲军；郭威起兵灭汉时，他又留守邺都巩固后方；郭威称帝时，他又被任命为澶州节度使；郭威自己的两个儿子都死于后汉内乱之中，柴荣又成了唯一的合法继承人，加封晋王。柴荣登基后，没有改国号，定年号为显德。柴荣是个胸怀大志的人，他登上皇位时立下愿望："我要用十年的时间开拓天下，用十年的时间养百姓，用十年的时间开创太平盛世！"

柴荣刚登基，就面临着一场恶战。后汉灭亡后，还残余一支以刘崇为首的势力，建立了北汉政权。见郭威去世，他们想趁着新皇登基根基未稳、势单力薄之时，报郭威杀子夺国之仇，便效仿石敬瑭，联合契丹共敌后周。当时朝中有人对周世宗说："陛下刚

▼ 五代越窑青瓷花口碗

▲ 柴荣

刚即位，如果迎战北汉，恐怕会根基不稳。"柴荣在此时表现出了勇士的气魄，说："刘崇妄图趁我衰弱之时，吞并中原，我必要征讨的。"于是，这一场恶战到来了。北汉有了契丹军的帮助，气势大增，而北周处于劣势，开战不久，柴荣被敌军团团围住，多亏了大将赵匡胤（yìn）挺身而出，死命保护，才转危为安。在各位英勇将士的冲锋陷阵下，后周反败为胜，打得敌军抱头鼠窜，巩固了后周的地位。

恶战之后，柴荣进行了大刀阔斧的改革。为了解决各藩镇尾大不掉的局面，他下令将各藩镇强壮有力的士兵都送到中央来组成禁军，加强中央对地方的控制，赏罚分明，树立威信；为了充实国库，发展生产，他带头过着节俭的生活，禁止进献奇异珍宝，还鼓励农桑，兴修水利；为了选拔培养真正有才能的官员，他整顿科举，以严格的规章制度来规范官员的言行；为了解决崇佛扬道对于社会生产的影响，他下令"毁佛"，以致全国废除了寺院三万多所，被迫还俗的僧尼达到六万多人。从此，后周的经济开始蒸蒸日上，社会秩序日益安定。

柴荣离他的宏伟理想又近了一步，接下来他又一步步地谋划南征北战，一统中原，以期恢复昔日汉唐辽阔的版图。他定下了"先南后北"的方针，仅用半年时间就在西边的秦（今甘肃天水）、凤（今陕西凤县）、成（今甘肃成县）、阶（今年甘肃武都）四地插上了后周的大旗，又三次亲征灭掉南唐，获

知识链接

柴氏子孙有罪，不加刑

宋朝建立后，赵匡胤派人刻下石碑，记下三条遗训，其中一条是："柴氏子孙有罪，不得加刑，纵犯谋逆，止于狱中赐尽，不得市曹刑戮，亦不得连坐支属。"

宋朝的皇帝大体都遵守了誓碑的遗训，柴家子孙始终与宋朝共存亡，他们在新旧党争中即便失势，也没有被杀，还随着政局的演变回到朝廷做官，这些都证明遗训得到了较好的遵守。

得了南唐十四州，之后又率师北伐，在直指幽州之际，柴荣却病倒了，只得班师回朝。回到开封十天后，柴荣就驾崩了，终年只有三十九岁。

柴荣死后，他年仅七岁的儿子柴宗训被立为皇帝，是为周恭帝。但是他仅仅在皇位上坐了短短的八个月。后周显德七年（960年），赵匡胤在陈桥（今河南封丘东南陈桥镇）发动兵变，黄袍加身，建立北宋，后周灭亡了。

五代时期虽然只存在了短短的五十三年，但却更易了五代九姓十四帝。如果用一个字来形容它，就是"乱"。天子，兵强马壮者为之，无论什么德行的人，只要有气力、有钱财就可以为王。而乱世之中，人命如草芥，所以五代十国时期也是中国历史上十分黑暗的时期之一。

知识链接

被姐追打的赵匡胤

传说，柴宗训即位时年龄太小，赵匡胤又英明神武，将士都很服气他。周军即将出征，京城里传言："出征的时候，要立点检（指赵匡胤）做皇帝。"有些富人仓皇逃跑，但只有宫中没听说这件事。

赵匡胤十分害怕，就跑回家想跟家里人商量一下该怎么办。他的姐姐当时正在厨房，听到后十分生气，拿起擀面杖就追打赵匡胤："大丈夫不自己做主，到家里吓唬女人像什么话？"赵匡胤无言以对。

闯关小测试

➡ 1. 后梁的第三位皇帝是（　　）

　　A. 朱友珪　　B. 朱友贞　　C. 朱友文

➡ 2. "李亚子"是指（　　）

　　A. 李存勖　　B. 李嗣源　　C. 李从厚

➡ 3. 五代十国中下令毁佛的是（　　）

　　A. 刘知远　　B. 郭威　　C. 柴荣

参考答案：1.B 2.A 3.C

历代帝王世系表

隋
/ 581 — 618

文帝 （581 — 605）

炀帝 （605 — 617）

恭帝 （617 — 618）

唐
/ 618 — 907

高祖 （618 — 626）

太宗 （627 — 650）

高宗 （650 — 684）

中宗 （684 — 684）

睿宗 （684 — 684）

武后 （684 — 705）

中宗 （705 — 710）

睿宗 （710 — 712）

玄宗 （712 — 756）

肃宗 （756 — 762）

代宗 （762 — 780）

德宗 （780 — 805）

顺宗 （805 — 806）

宪宗 （806 — 821）

穆宗 （821 — 825）

敬宗 （825 — 826）

文宗 （826 — 841）

武宗 （841 — 847）

宣宗 （847 — 859）

懿宗 （859 — 873）

僖宗 （873 — 889）

昭宗 （889 — 904）

哀帝 （904 — 907）

五代
/ 907 — 960

后梁 / 907 — 923

太祖 （907 — 912）

末帝 （913 — 923）

后唐 / 923 — 936

庄宗 （923 — 926）

明宗 （926 — 933）

闵帝 （934 — 934）

末帝 （934 — 936）

后晋 / 936 — 947

高祖 （936 — 941）

出帝 （942 — 947）

后汉 / 947 — 950

高祖 （947 — 948）

隐帝 （948 — 950）

后周 / 951 — 960

太祖 （951 — 954）

世宗 （954 — 959）

恭帝 （959 — 960）